Ce livre est publié par un éditeur indépendant.

Si vous désirez recevoir gratuitement notre catalogue
et être régulièrement informé de nos nouveautés,
n'hésitez pas à envoyer vos coordonnées à :

L'ARCHE *Éditeur*
86, rue Bonaparte
75006 Paris
newsletter@arche-editeur.com

L'un des physiciens se prend pour Newton, l'autre pour Einstein et le troisième patient répond au nom de Möbius. Quand une vague d'assassinats de jeunes infirmières déferle dans le sanatorium des « Cerisiers », on découvre que tous trois simulent leur folie.

Möbius a fait une découverte permettant d'éradiquer l'humanité et veut éviter que celle-ci tombe entre de mauvaises mains. Quant aux deux autres, également physiciens, ils opèrent ici en tant qu'agents secrets au service de deux grandes puissances, qui cherchent à faire main basse sur cette formule « explosive ».

Cette comédie a été créée le 21 février 1962 au Schauspielhaus de Zurich et figure parmi les pièces de Dürrenmatt les plus célèbres.

« *À l'époque de la bombe atomique, la comédie reste la seule forme dramatique capable de représenter le monde et d'en révéler son tragique tout à la fois.* »

F.D.

# Les Physiciens

ISBN : 978-2-85181-838-6
Titre original : *Die Physiker*

86, rue Bonaparte, 75006 Paris

contact@arche-editeur.com



Conception graphique de la couverture :
Susanne Gerhards

# Friedrich Dürrenmatt
# Les Physiciens

Comédie en deux actes

*Traduction française de*
*Cécile Delettres*

L'Arche

*À Therese Giehse*

# Remarques sur la version finale de mes comédies

Contrairement aux diverses versions déjà parues en édition séparée chez Arche-Verlag *, je ne souhaitais pas, pour l'édition de ce recueil, publier les versions adaptées pour la scène, c'est-à-dire les versions avec des coupes, mais les versions valables sur le plan littéraire. Littérature et théâtre sont deux mondes différents : mises à part les comédies écrites spécialement pour le théâtre, *Play Strindberg* et *Portrait d'une planète*, qui sont des exercices pour comédiens que j'ai composés en tant que metteur en scène, je restitue dans ce qui suit la version littéraire, qui est un condensé de plusieurs versions (sauf pour les premières pièces, que je n'ai pas retouchées).

*F.D., 1980*

* *N.D.E* : Cet éditeur, basé à l'époque à Zurich, se trouve aujourd'hui à Hambourg. Il n'y a aucun lien entre cette maison et L'Arche *Éditeur* à Paris.

## PERSONNAGES

MELLE LE DOCTEUR MATHILDE VON ZAHND, *aliéniste*
MARTA BOLL, *infirmière en chef*
MONIKA STETTLER, *infirmière*
UWE SIEVERS, *infirmier en chef*
MCARTHUR, *infirmier*
MURILLO, *infirmier*
HERBERT GEORG BEUTLER, dit NEWTON, *patient*
ERNST HEINRICH ERNESTI, dit EINSTEIN, *patient*
JOHANN WILHELM MÖBIUS, *patient*
LE MISSIONNAIRE OSKAR ROSE
MME LINA ROSE
ADOLF-FRIEDRICH }
WILFRIED-KASPAR } *ses garçons*
JÖRG-LUKAS }
RICHARD VOß, *inspecteur*
GUHL, *policier*
BLOCHER, *policier*
MÉDECIN LÉGISTE

# ACTE 1

*Lieu : salon d'une villa confortable, bien que quelque peu négligée, du sanatorium privé «* Les Cerisiers *».*

*À proximité : la rive d'un lac, d'abord naturelle, puis bâtie, au loin une ville moyenne voire petite.*

*La bourgade autrefois coquette avec son château et son vieux centre est désormais ornée d'hideux bâtiments appartenant à des compagnies d'assurances. Elle vivote principalement d'une université modeste, dotée d'un département de théologie conséquent et dispensant des cours de langue l'été, accessoirement d'une école de commerce et de prothésistes dentaires, et en dernier lieu de pensionnats pour filles et d'une industrie légère quasi insignifiante. Elle se tient donc déjà en soi à l'écart de toute effervescence. En outre, le paysage vient encore inutilement apaiser les nerfs, il y a en tout cas, à proximité immédiate, des chaînes de montagnes bleues, des collines couvertes de forêts à taille humaine et un lac de dimension appréciable ainsi qu'une vaste plaine qui fume à la tombée de la nuit – jadis sinistre marécage –, désormais fertile car drainée par des canaux, ainsi qu'un établissement pénitentiaire quelque part et la grande exploitation agricole qui en dépend, si bien que partout l'on devine les contours flous de groupes ou groupuscules silencieux de criminels en train de piocher et de bêcher. Mais en réalité, l'environnement ne joue aucun rôle et n'est évoqué ici que dans un souci d'exactitude, car nous ne quitterons jamais la villa de l'asile (ça y est, le mot est lâché) ou, plus précisément, nous n'en quitterons pas même le salon, puisque nous nous sommes promis de respecter scrupuleusement les unités de lieu, de temps et d'action ; seule la forme classique permettant de s'attaquer à une intrigue qui se déroule parmi les fous.*

*Venons-en au fait. En ce qui concerne la villa, autrefois y étaient logés tous les patients de la fondatrice de l'institution, mademoiselle le docteur en médecine et docteur honoris causa Mathilde von Zahnd : des aristocrates gâteux, des hommes politiques souffrant d'artériosclérose – même si beaucoup d'entre eux sont toujours au pouvoir –, des millionnaires débiles, des écrivains schizophrènes, de grands industriels maniaco-dépressifs, etc., bref, toute l'élite mentalement dérangée de la moitié de l'Occident. C'est que mademoiselle le docteur, cette vieille fille bossue dans sa sempiternelle blouse blanche, est connue non seulement en tant que dernier rejeton notoire d'une puissante famille locale, mais aussi en tant que philanthrope et psychiatre de renom, on peut même affirmer sans crainte de renom international (sa correspondance avec C.G. Jung vient de paraître). Mais à ce jour, les patients éminents et pas toujours agréables ont depuis longtemps été déplacés dans un nouveau bâtiment élégant et lumineux. À des tarifs exorbitants, même le passé le plus vil devient un pur plaisir. Le nouveau bâtiment se compose de divers pavillons (avec des vitraux d'Erni dans la chapelle) répartis dans la partie sud du vaste parc en direction de la plaine, tandis que la pelouse de la villa, plantée d'arbres gigantesques, descend vers le lac. Le long de la rive court un mur de pierre. Dans le salon de la villa, désormais faiblement peuplée, se tiennent d'ordinaire trois patients qui, par hasard, sont tous trois physiciens. Enfin, pas tout à fait par hasard : on applique ici des principes humains et on laisse ensemble ce qui va ensemble. Ils vivent chacun pour soi, enfermés dans leur monde imaginaire, ils prennent leurs repas ensemble au salon, discutent de temps à autre de leur science ou fixent le vide en silence, de gentils fous inoffensifs, dociles, faciles à soigner et peu exigeants. En un mot, ils feraient figure de véritables*

*patients modèles s'il ne s'était pas récemment produit quelque chose de préoccupant, on peut même dire d'horrible : il y a trois mois, l'un d'eux a étranglé une infirmière et voilà que le même incident vient de se reproduire. La police est donc de nouveau présente sur les lieux. C'est pourquoi le salon est plus fréquenté que d'habitude. L'infirmière gît sur le parquet dans une position aussi tragique que définitive, un peu en retrait afin de ne pas effrayer inutilement le public. Pour autant, on ne peut ignorer qu'un combat a eu lieu. Le mobilier est totalement sens dessus dessous. Une lampe sur pied et deux fauteuils gisent par terre et, sur le devant à gauche, une table ronde est renversée de telle façon que ses pieds font face aux spectateurs.*
*Par ailleurs, la transformation en asile (la villa était jadis la résidence d'été des von Zahnd) a laissé dans le salon quelques traces douloureuses. Les murs sont recouverts jusqu'à hauteur d'homme d'une peinture laquée hygiénique, ensuite seulement réapparaît le plâtre avec des moulures en partie conservées. Les trois portes à l'arrière-plan, qui mènent d'un petit hall aux chambres des physiciens, sont capitonnées de cuir noir. Elles sont en outre numérotées de 1 à 3. À gauche du hall, un radiateur hideux, à droite, un lavabo avec un porte-serviettes.*
*On entend un air de violon accompagné au piano provenant de la chambre numéro 2 (celle du milieu). La « Sonate à Kreutzer » de Beethoven. À gauche, la façade donnant sur le parc avec de hautes fenêtres qui descendent jusqu'au sol recouvert de linoléum. De part et d'autre de cette façade vitrée pend un lourd rideau. Une porte-fenêtre à double battant donne sur une terrasse dont la balustrade en pierre se détache du parc et du ciel relativement ensoleillé pour un mois de novembre. Il est un peu plus de quatre heures et demie de l'après-midi. À droite, au-dessus d'une cheminée*

*inutile devant laquelle on a posé une grille, est accroché le portrait d'un vieil homme à barbiche, dans un lourd cadre doré. Devant à droite, une lourde porte en chêne. Sous le plafond à caissons brun flotte un lustre massif. Le mobilier : autour de la table ronde sont disposées – lorsque le salon est rangé – trois chaises peintes en blanc tout comme la table. Les autres meubles, un peu défraîchis, sont tous d'époques différentes. Devant à droite, un canapé et une table basse flanquée de deux fauteuils. La lampe sur pied se trouve normalement derrière le canapé. La pièce n'est donc pas le moins du monde surchargée : il suffit de peu pour agencer une scène sur laquelle, contrairement à la tradition antique, le drame satyrique précède la tragédie. Nous pouvons commencer.*
*Autour du cadavre s'affairent des fonctionnaires de la police judiciaire en civil, des gaillards impassibles et flegmatiques, qui ont déjà consommé leur dose de vin blanc, ce que trahit leur haleine. Ils prennent des mesures, relèvent des empreintes digitales, tracent à la craie le contour du cadavre, etc. Au centre du salon se tient l'inspecteur Richard Voß, en manteau et chapeau, à gauche, l'infirmière en chef Marta Boll, l'air aussi déterminée que son nom le suggère et qu'elle l'est en réalité. Sur le fauteuil de droite est assis un policier qui prend des notes en sténo. L'inspecteur sort un cigare d'un étui brun.*

L'INSPECTEUR. On peut fumer, n'est-ce pas ?
L'INFIRMIÈRE EN CHEF. Ce n'est pas l'usage.
L'INSPECTEUR. Pardon. *Il range le cigare.*
L'INFIRMIÈRE EN CHEF. Une tasse de thé ?
L'INSPECTEUR. Je préférerais un schnaps.
L'INFIRMIÈRE EN CHEF. Vous êtes dans une maison de santé.

L'INSPECTEUR. Rien dans ce cas. Blocher, tu peux photographier.

BLOCHER. Bien, monsieur l'inspecteur.

*On photographie. Flashs.*

L'INSPECTEUR. Comment s'appelait l'infirmière ?

L'INFIRMIÈRE EN CHEF. Irene Straub.

L'INSPECTEUR. Âge ?

L'INFIRMIÈRE EN CHEF. Vingt-deux ans. Elle était de Kohlwang.

L'INSPECTEUR. De la famille ?

L'INFIRMIÈRE EN CHEF. Un frère en Suisse orientale.

L'INSPECTEUR. Prévenu ?

L'INFIRMIÈRE EN CHEF. Par téléphone.

L'INSPECTEUR. Le meurtrier ?

L'INFIRMIÈRE EN CHEF. Je vous en prie, monsieur l'inspecteur... le pauvre homme est malade.

L'INSPECTEUR. Eh bien soit : l'auteur des faits, alors ?

L'INFIRMIÈRE EN CHEF. Ernst Heinrich Ernesti. Nous l'appelons Einstein.

L'INSPECTEUR. Pourquoi ?

L'INFIRMIÈRE EN CHEF. Parce qu'il se prend pour Einstein.

L'INSPECTEUR *se tourne vers le policier en train de sténographier.* Vous avez la déposition de l'infirmière en chef, Guhl ?

GUHL. Affirmatif, monsieur l'inspecteur.

L'INSPECTEUR. Étranglée elle aussi, docteur ?

LE MÉDECIN LÉGISTE. Cela ne fait aucun doute. Avec le cordon de la lampe. Ces fous développent parfois une force colossale. Cela a quelque chose d'extraordinaire.

L'INSPECTEUR. Ah. Vous trouvez. Dans ce cas, moi je trouve que c'est irresponsable de laisser des infirmières soigner ces fous. C'est déjà le deuxième meurtre...

L'INFIRMIÈRE EN CHEF. Je vous en prie, monsieur l'inspecteur.

L'INSPECTEUR. ... le deuxième incident en l'espace de trois mois dans l'établissement « Les Cerisiers ». *Il sort un carnet.* Le 12 août, un certain Herbert Georg Beutler, qui se prend pour le grand physicien Newton, étranglait l'infirmière Dorothea Moser. *Il remet le carnet dans sa poche.* Dans ce même salon. Avec des infirmiers, ça ne serait jamais arrivé.

L'INFIRMIÈRE EN CHEF. Vous croyez ? L'infirmière Dorothea Moser était membre du club de lutte féminine et l'infirmière Irene Straub championne régionale de la fédération nationale de judo.

L'INSPECTEUR. Et vous ?

L'INFIRMIÈRE EN CHEF. Je fais de l'haltérophilie.

L'INSPECTEUR. Est-ce que je peux voir le meurtrier maintenant...

L'INFIRMIÈRE EN CHEF. Je vous en prie, monsieur l'inspecteur !

L'INSPECTEUR. ... l'auteur des faits ?

L'INFIRMIÈRE EN CHEF. Il joue du violon.

L'INSPECTEUR. Comment ça « il joue du violon » ?

L'INFIRMIÈRE EN CHEF. Vous n'entendez pas ?

L'INSPECTEUR. Eh bien il va falloir qu'il arrête. *L'infirmière en chef ne réagissant pas, il poursuit.* Je dois l'interroger.

L'INFIRMIÈRE EN CHEF. Impossible.

L'INSPECTEUR. Et pourquoi ça ?

L'INFIRMIÈRE EN CHEF. D'un point de vue médical, nous ne pouvons pas autoriser cela. En ce moment, il est nécessaire que monsieur Ernesti joue du violon.

L'INSPECTEUR. Le type a quand même étranglé une infirmière !

L'INFIRMIÈRE EN CHEF. Monsieur l'inspecteur. Il ne

s'agit pas d'un type, mais d'une personne malade, qui doit retrouver son calme. Et puisqu'il se prend pour Einstein, il ne retrouve son calme qu'en jouant du violon.

L'INSPECTEUR. C'est moi qui suis fou, ou quoi ?

L'INFIRMIÈRE EN CHEF. Non.

L'INSPECTEUR. On marche sur la tête. *Il s'éponge le front.* Il fait chaud ici.

L'INFIRMIÈRE EN CHEF. Absolument pas.

L'INSPECTEUR. Infirmière Marta, allez chercher la médecin-chef, s'il vous plaît.

L'INFIRMIÈRE EN CHEF. Tout aussi impossible. Mademoiselle le docteur accompagne Einstein au piano. Einstein ne se calme que si mademoiselle le docteur l'accompagne.

L'INSPECTEUR. Et il y a trois mois, mademoiselle le docteur devait jouer aux échecs avec Newton afin qu'il puisse se calmer. Je ne marche plus, infirmière Marta. Il faut que je parle au médecin, un point c'est tout.

L'INFIRMIÈRE EN CHEF. Comme il vous plaira. Vous n'avez qu'à attendre.

L'INSPECTEUR. Combien de temps va encore durer ce crincrin ?

L'INFIRMIÈRE EN CHEF. Un quart d'heure, une heure. Cela dépend.

L'INSPECTEUR *se contrôle.* Bien. J'attends. *Il hurle.* J'attends !

BLOCHER. On arrive au bout, monsieur l'inspecteur.

L'INSPECTEUR, *d'une voix sourde.* Et moi on me pousse à bout.

*Silence. L'inspecteur s'éponge le front.*

L'INSPECTEUR. Vous pouvez évacuer le cadavre.

BLOCHER. Bien, monsieur l'inspecteur.

L'INFIRMIÈRE EN CHEF. Je vais montrer à ces messieurs le chemin qui mène à la chapelle en passant par le parc.

*Elle ouvre la porte-fenêtre à double battant. On emporte le cadavre ainsi que le matériel. L'inspecteur ôte son chapeau et s'assoit, épuisé, sur le fauteuil à gauche du canapé. On entend toujours le violon accompagné au piano. Herbert Georg Beutler sort de la chambre numéro 3, il porte un costume du début du* XVIIIe *siècle et une perruque.*

NEWTON. Sir Isaac Newton.

L'INSPECTEUR. Inspecteur de police Richard Voß. *Il reste assis.*

NEWTON. Enchanté. Absolument enchanté. Vraiment. J'ai entendu du vacarme, des gémissements, des râles, puis des gens aller et venir. Puis-je vous demander ce qu'il se passe ici ?

L'INSPECTEUR. L'infirmière Irene Straub a été étranglée.

NEWTON. La championne régionale de la fédération nationale de judo ?

L'INSPECTEUR. La championne régionale elle-même.

NEWTON. C'est affreux.

L'INSPECTEUR. Par Ernst Heinrich Ernesti.

NEWTON. Mais il est en train de jouer du violon.

L'INSPECTEUR. Il faut qu'il retrouve son calme.

NEWTON. La lutte l'aura certainement fatigué. Il est plutôt chétif. Avec quoi l'a-t-il... ?

L'INSPECTEUR. Avec le cordon de la lampe.

NEWTON. Avec le cordon de la lampe. C'est aussi une solution. Cet Ernesti. Il me fait de la peine. Énormément. Et la championne de judo aussi me fait de la peine. Vous permettez ? Il faut que je remette un peu d'ordre.

L'INSPECTEUR. Je vous en prie. Les faits ont été consignés.

*Newton redresse la table puis les chaises.*

NEWTON. Je ne supporte pas le désordre. Au fond, je ne suis devenu physicien que par amour de l'ordre. *Il redresse la lampe.* Pour pouvoir ramener le désordre apparent qui règne dans la nature à un ordre supérieur. *Il allume une cigarette.* Cela vous dérange si je fume ?

L'INSPECTEUR, *joyeux.* Au contraire, je... *Il veut sortir un cigare de son étui.*

NEWTON. Pardonnez-moi, mais puisque nous parlions justement d'ordre : ici, seuls les patients sont autorisés à fumer, pas les visiteurs. Sinon le salon serait tout de suite empesté.

L'INSPECTEUR. Je comprends. *Il range son étui.*

NEWTON. Cela vous dérange si je me sers un petit verre de cognac ?

L'INSPECTEUR. Absolument pas.

*Newton sort de derrière la grille de la cheminée une bouteille de cognac et un verre.*

NEWTON. Cet Ernesti. J'en suis tout retourné. Comment peut-on seulement étrangler une infirmière ! *Il s'assoit sur le canapé et se sert un verre de cognac.*

L'INSPECTEUR. Et pourtant, vous aussi, vous avez étranglé une infirmière.

NEWTON. Moi ?

L'INSPECTEUR. Infirmière Dorothea Moser.

NEWTON. La lutteuse ?

L'INSPECTEUR. Le 12 août. Avec l'embrasse du rideau.

NEWTON. Mais c'est complètement différent, monsieur l'inspecteur. Je ne suis pas fou à la fin ! À votre santé !

L'INSPECTEUR. À la vôtre.

*Newton boit.*

NEWTON. L'infirmière Dorothea Moser. Quand j'y repense. Blonde comme les blés. D'une force incroyable. Souple malgré sa corpulence. Elle m'aimait et je l'aimais. Le dilemme ne pouvait être résolu que par une embrasse à rideaux.

L'INSPECTEUR. Le dilemme ?

NEWTON. Ma mission consiste à réfléchir à la gravitation, pas à aimer une femme.

L'INSPECTEUR. Je vois.

NEWTON. Ajoutez à cela l'énorme différence d'âge.

L'INSPECTEUR. Certainement. Vous devez bien avoir plus de deux cents ans.

NEWTON *le dévisage, étonné.* Comment cela ?

L'INSPECTEUR. Eh bien Newton...

NEWTON. Vous êtes gâteux, monsieur l'inspecteur, ou vous faites juste semblant ?

L'INSPECTEUR. Écoutez...

NEWTON. Vous croyez vraiment que je suis Newton ?

L'INSPECTEUR. C'est vous qui le croyez.

*Newton jette un regard méfiant à la ronde.*

NEWTON. Puis-je vous confier un secret, monsieur l'inspecteur ?

L'INSPECTEUR. Évidemment.

NEWTON. Je ne suis pas sir Isaac. Je me fais seulement passer pour lui.

L'INSPECTEUR. Et pour quelle raison ?

NEWTON. Pour ne pas perturber Ernesti.

L'INSPECTEUR. Je ne vous suis pas.

NEWTON. Contrairement à moi, Ernesti est vraiment malade. Il se figure qu'il est Albert Einstein.

L'INSPECTEUR. Quel rapport avec vous ?

NEWTON. Si Ernesti apprenait que je suis en réalité Albert Einstein, ce serait la panique à bord.

L'INSPECTEUR. Vous voulez dire par là que...

NEWTON. Parfaitement. Le célèbre physicien à l'origine de la théorie de la relativité, c'est moi. Né le 14 mars 1879 à Ulm.

*L'inspecteur se lève, un peu déconcerté.*

L'INSPECTEUR. Vraiment enchanté.

*Newton se lève également.*

NEWTON. Vous pouvez m'appeler Albert.

L'INSPECTEUR. Et moi, Richard.

*Ils se serrent la main.*

NEWTON. Je peux vous assurer que je vous interpréterais la « Sonate à Kreutzer » avec beaucoup plus d'entrain que ne le fait Ernst Heinrich Ernesti en ce moment. Il joue vraiment l'andante comme un sauvage.

L'INSPECTEUR. Je ne connais rien à la musique.

NEWTON. Asseyons-nous.

*Il le tire vers le canapé, puis passe son bras autour des épaules de l'inspecteur.*

NEWTON. Richard.

L'INSPECTEUR. Albert ?

NEWTON. Cela vous énerve de ne pas pouvoir m'arrêter, n'est-ce pas ?

L'INSPECTEUR. Enfin, Albert !

NEWTON. Voudriez-vous m'arrêter parce que j'ai étranglé l'infirmière ou parce que j'ai rendu possible la fabrication de la bombe atomique ?

L'INSPECTEUR. Enfin, Albert !

NEWTON. Si vous tournez l'interrupteur près de la porte, que se passe-t-il, Richard ?

L'INSPECTEUR. La lumière s'allume.

NEWTON. Vous créez un contact électrique. Comprenez-vous quelque chose à l'électricité, Richard ?

L'INSPECTEUR. Je ne suis pas physicien.

NEWTON. Je n'y comprends pas grand-chose non plus. Ce n'est qu'en observant la nature que j'échafaude une théorie sur le sujet. Cette théorie, je la transcris en langage mathématique et j'obtiens plusieurs formules. Ensuite, les techniciens interviennent. Eux ne s'occupent plus que des formules. Ils se comportent avec l'électricité comme le proxénète avec la prostituée. Ils l'exploitent. Ils fabriquent des machines et une machine n'est ensuite utilisable qu'une fois qu'elle est devenue indépendante de la découverte qui a conduit à son invention. C'est ainsi que, aujourd'hui, le premier crétin venu est capable d'allumer une ampoule... ou de faire exploser une bombe atomique. *Il donne à l'inspecteur une tape sur l'épaule.* Et voilà que vous voulez m'arrêter pour ça, Richard. Ce n'est pas juste.

L'INSPECTEUR. Mais Albert, je n'ai pas la moindre intention de vous arrêter.

NEWTON. Seulement parce que vous me considérez comme fou. Mais pourquoi ne refusez-vous pas d'allumer la lumière si vous n'y connaissez rien en électricité ? C'est vous le criminel, Richard. Il faut quand même que je range mon cognac sinon l'infirmière en chef Marta Boll va piquer une colère. *Newton replace la bouteille de cognac dans sa cachette derrière la grille de la cheminée, mais laisse le verre.* Adieu !

L'INSPECTEUR. Adieu, Albert.

NEWTON. Vous devriez vous arrêter vous-même, Richard. *Il disparaît de nouveau dans la chambre numéro 3.*

L'INSPECTEUR. Et puis zut, je fume.

*Il sort d'un geste résolu un cigare de son étui, l'allume et le fume. Blocher arrive par la porte-fenêtre.*

BLOCHER. Nous sommes prêts à partir, monsieur l'inspecteur.

*L'inspecteur tape du pied.*

L'INSPECTEUR. Moi j'attends ! J'attends la médecin-chef !

BLOCHER. Bien sûr, monsieur l'inspecteur.

*L'inspecteur se calme tout en bougonnant.*

L'INSPECTEUR. Rentre en ville avec l'équipe, Blocher. Je vous rejoindrai.

BLOCHER. À vos ordres, monsieur l'inspecteur. *Il s'en va.*

*L'inspecteur tire quelques bouffées, l'air absent, se lève, arpente le salon à pas lourds, s'arrête devant le portrait suspendu au-dessus de la cheminée et l'observe. Entre-temps, le violon et le piano se sont tus. La porte de la chambre numéro 2 s'ouvre et mademoiselle le docteur Mathilde von Zahnd en sort. Bossue, environ cinquante-cinq ans, blouse blanche et stéthoscope.*

MELLE LE DOCTEUR. Mon père, le conseiller August von Zahnd. Il habitait cette villa avant que je ne la transforme en sanatorium. Un grand homme, un homme entier. Je suis sa seule enfant. Il me haïssait comme la peste, il haïssait l'humanité entière comme la peste. À juste titre sans doute : en tant que grand patron, il a vu s'ouvrir devant lui des abîmes humains qui demeurent à jamais inaccessibles à nous autres psychiatres. C'est que nous, les aliénistes, restons d'incorrigibles philanthropes romantiques.

L'INSPECTEUR. Il y a trois mois, il y avait un autre portrait à la place de celui-ci.

MELLE LE DOCTEUR. Mon oncle, l'homme politique. Le chancelier Joachim von Zahnd. *Elle pose la partition sur la table basse devant le canapé.* Bien. Ernesti a retrouvé son calme. Il s'est jeté sur son lit et s'est endormi. Comme un bébé. Je peux enfin respirer de nouveau. J'avais peur qu'il ne joue aussi la troisième sonate de Brahms. *Elle s'assoit sur le fauteuil à gauche du canapé.*

L'INSPECTEUR. Mademoiselle le docteur, vous m'excuserez de fumer malgré l'interdiction mais...

MELLE LE DOCTEUR. Vous pouvez fumer tranquille, inspecteur. Moi aussi j'ai besoin d'une cigarette de toute urgence, que cela plaise ou non à l'infirmière en chef Marta. Donnez-moi du feu.

*Il lui donne du feu, elle fume.*

MELLE LE DOCTEUR. C'est atroce. Pauvre infirmière Irene. Une petite jeunette impeccable. *Elle remarque le verre.* Newton ?

L'INSPECTEUR. J'ai eu le plaisir de faire sa connaissance.

MELLE LE DOCTEUR. Il vaut mieux que je le range.

*L'inspecteur la devance et range le verre derrière la grille de la cheminée.*

MELLE LE DOCTEUR. À cause de l'infirmière en chef.

L'INSPECTEUR. Je comprends.

MELLE LE DOCTEUR. Vous avez parlé avec Newton ?

L'INSPECTEUR. J'ai découvert quelque chose.

MELLE LE DOCTEUR. Je vous félicite.

L'INSPECTEUR. Newton se prend en réalité pour Einstein.

MELLE LE DOCTEUR. C'est ce qu'il raconte à tout le monde. Mais en vérité il se prend vraiment pour Newton.

L'INSPECTEUR, *abasourdi.* Vous êtes sûre ?

MELLE LE DOCTEUR. C'est encore moi qui détermine pour qui se prennent mes patients. Je les connais bien mieux qu'ils ne se connaissent eux-mêmes.

L'INSPECTEUR. Possible. Mais dans ce cas il faudrait aussi nous aider, mademoiselle le docteur. Le gouvernement l'exige.

MELLE LE DOCTEUR. Le procureur ?

L'INSPECTEUR. Il enrage.

MELLE LE DOCTEUR. Comme si c'était mon problème, Voß.

L'INSPECTEUR. Deux meurtres...

MELLE LE DOCTEUR. Je vous en prie, inspecteur.

L'INSPECTEUR. Deux incidents. En trois mois. Vous devez reconnaître que les mesures de sécurité dans votre établissement sont insuffisantes.

MELLE LE DOCTEUR. Comment vous représentez-vous

ces mesures de sécurité, inspecteur ? Je dirige un établissement de santé, pas une prison. Vous ne pouvez quand même pas enfermer les meurtriers avant qu'ils ne passent à l'acte.

L'INSPECTEUR. Il ne s'agit pas de meurtriers mais de fous qui peuvent visiblement tuer à tout moment.

MELLE LE DOCTEUR. Les gens sains d'esprit aussi, et bien plus fréquemment. Quand je pense ne serait-ce qu'à mon grand-père Leonidas von Zahnd, le général d'état-major avec sa guerre perdue. Dans quel siècle vivons-nous ? La médecine a-t-elle fait des progrès, oui ou non ? Disposons-nous de nouveaux moyens, oui ou non ? De drogues qui transforment les fous furieux en agneaux ? Faut-il nous remettre à enfermer les malades dans des cellules individuelles, et pourquoi pas dans des filets et avec des gants de boxe comme autrefois ? Comme si nous n'étions pas capables de distinguer les patients dangereux des patients inoffensifs ?

L'INSPECTEUR. En tout cas, cette capacité de distinction a fait franchement défaut dans les cas de Beutler et d'Ernesti.

MELLE LE DOCTEUR. Hélas. C'est ce qui me préoccupe, et non la fureur de votre procureur.

*Einstein sort de la chambre numéro 2 avec son violon. Maigre, longs cheveux blancs, moustache.*

EINSTEIN. Je me suis réveillé.

MELLE LE DOCTEUR. Allons, professeur.

EINSTEIN. Est-ce que j'ai bien joué ?

MELLE LE DOCTEUR. Merveilleusement, professeur.

EINSTEIN. Est-ce que l'infirmière Irene Straub est...

MELLE LE DOCTEUR. N'y pensez plus, professeur.

EINSTEIN. Je retourne dormir.

MELLE LE DOCTEUR. C'est bien, professeur.

*Einstein retourne dans sa chambre. L'inspecteur a bondi.*

L'INSPECTEUR. C'était donc lui !

MELLE LE DOCTEUR. Ernst Heinrich Ernesti.

L'INSPECTEUR. Le meurtrier...

MELLE LE DOCTEUR. Je vous en prie, inspecteur.

L'INSPECTEUR. L'auteur des faits qui se prend pour Einstein. Quand a-t-il été interné ?

MELLE LE DOCTEUR. Il y a deux ans.

L'INSPECTEUR. Et Newton ?

MELLE LE DOCTEUR. Il y a un an. Tous deux incurables. Voß, Dieu sait que je ne suis pas une débutante dans mon métier, vous ne l'ignorez pas et le procureur non plus, il a toujours apprécié mes expertises. Mon sanatorium est mondialement connu et pratique des tarifs en conséquence. Je ne peux pas me permettre la moindre erreur et je ne parle même pas d'incidents qui amènent la police dans l'établissement. Si quelqu'un ici a failli, c'est la médecine, pas moi. Ces incidents n'étaient pas prévisibles, vous ou moi aurions tout aussi bien pu étrangler des infirmières. Il n'y a aucune explication médicale à ce qui s'est passé. À moins que...

*Elle a repris une cigarette. L'inspecteur lui donne du feu.*

MELLE LE DOCTEUR. Inspecteur, vous ne remarquez rien ?

L'INSPECTEUR. Comment cela ?

MELLE LE DOCTEUR. Pensez aux deux patients.

L'INSPECTEUR. Eh bien ?

MELLE LE DOCTEUR. Tous les deux sont physiciens. Physiciens nucléaires.

L'INSPECTEUR. Et alors ?

MELLE LE DOCTEUR. Vous n'êtes vraiment pas un homme suspicieux, inspecteur.

L'INSPECTEUR *réfléchit*. Mademoiselle le docteur.

MELLE LE DOCTEUR. Voß ?

L'INSPECTEUR. Vous croyez que... ?

MELLE LE DOCTEUR. Tous deux ont analysé des substances radioactives.

L'INSPECTEUR. Vous supposez un rapport ?

MELLE LE DOCTEUR. Je constate, un point c'est tout. Tous deux deviennent fous, dans les deux cas la maladie s'aggrave, tous deux deviennent dangereux pour la société et tous deux étranglent des infirmières.

L'INSPECTEUR. Vous pensez à... une mutation du cerveau causée par la radioactivité ?

MELLE LE DOCTEUR. Je dois malheureusement envisager cette hypothèse.

L'INSPECTEUR *regarde autour de lui.* Où mène cette porte ?

MELLE LE DOCTEUR. Dans le hall, le salon vert et à l'étage supérieur.

L'INSPECTEUR. Combien de patients sont encore logés ici ?

MELLE LE DOCTEUR. Trois.

L'INSPECTEUR. Seulement ?

MELLE LE DOCTEUR. Les autres ont été transférés dans le nouveau bâtiment juste après le premier incident. C'est une chance que j'aie pu le faire construire à temps. De riches patients et des membres de ma famille ont contribué au financement. Par leur décès. Survenu ici, la plupart du temps. Leur famille s'éteignant avec eux, j'étais donc l'unique héritière. Le destin, Voß. Je suis toujours l'unique héritière. Ma famille est si ancienne que c'est presque un petit miracle médical que je sois relativement normale, je veux dire, mentalement.

L'INSPECTEUR *réfléchit.* Et le troisième patient ?

MELLE LE DOCTEUR. Physicien lui aussi.

L'INSPECTEUR. Étrange, vous ne trouvez pas ?

MELLE LE DOCTEUR. Non, je ne trouve pas. Je les regroupe. Les écrivains avec les écrivains, les barons de l'industrie avec les barons de l'industrie, les vieilles millionnaires avec les vieilles millionnaires et les physiciens avec les physiciens.

L'INSPECTEUR. Nom ?

MELLE LE DOCTEUR. Johann Wilhelm Möbius.

L'INSPECTEUR. A-t-il aussi eu affaire à la radioactivité ?

MELLE LE DOCTEUR. Pas du tout.

L'INSPECTEUR. Pourrait-il lui aussi... ?

MELLE LE DOCTEUR. Il est là depuis quinze ans, inoffensif et son état est toujours resté stable.

L'INSPECTEUR. Mademoiselle le docteur, vous n'y échapperez pas : le procureur exige impérativement des infirmiers pour vos physiciens.

MELLE LE DOCTEUR. Il les aura.

L'INSPECTEUR *attrape son chapeau.* C'est bien, je suis content que vous vous rendiez à l'évidence. C'est déjà la deuxième fois que je viens aux « Cerisiers », mademoiselle le docteur von Zahnd. J'espère qu'il n'y aura pas de troisième fois.

*Il met son chapeau et se dirige vers la gauche, passe sur la terrasse par la porte-fenêtre puis s'éloigne dans le parc. Mademoiselle le docteur Mathilde von Zahnd le suit du regard, pensivement. L'infirmière en chef Marta Boll entre par la droite, marque un arrêt, renifle. Elle a un dossier à la main.*

L'INFIRMIÈRE EN CHEF. S'il vous plaît, mademoiselle le docteur...

MELLE LE DOCTEUR. Oh, excusez-moi. *Elle écrase sa cigarette.* Est-ce que le corps de l'infirmière Irene Straub est exposé ?

L'INFIRMIÈRE EN CHEF. Au pied de l'orgue.

MELLE LE DOCTEUR. Disposez des bougies autour d'elle et des couronnes.

L'INFIRMIÈRE EN CHEF. J'ai déjà téléphoné au fleuriste Feuz.

MELLE LE DOCTEUR. Comment se porte ma tante Senta ?

L'INFIRMIÈRE EN CHEF. Agitée.

MELLE LE DOCTEUR. Doublez la dose. Et mon cousin Ulrich ?

L'INFIRMIÈRE EN CHEF. Stable.

MELLE LE DOCTEUR. Infirmière en chef Marta Boll, je dois malheureusement rompre avec une tradition des « Cerisiers ». Jusqu'à présent je n'embauchais que des infirmières, à partir de demain, des infirmiers prendront en charge la villa.

L'INFIRMIÈRE EN CHEF. Mademoiselle le docteur Mathilde von Zahnd, je ne me laisserai pas dérober mes trois physiciens. Ce sont mes cas les plus intéressants.

MELLE LE DOCTEUR. Ma décision est définitive.

L'INFIRMIÈRE EN CHEF. Je suis curieuse de savoir où vous allez trouver vos infirmiers. En cette période de plein emploi.

MELLE LE DOCTEUR. Ça, c'est mon problème. Est-ce que la Möbius est arrivée ?

L'INFIRMIÈRE EN CHEF. Elle attend dans le salon vert.

MELLE LE DOCTEUR. Faites-la entrer.

L'INFIRMIÈRE EN CHEF. Le dossier médical de Möbius.

MELLE LE DOCTEUR. Merci.

*L'infirmière en chef lui remet le dossier, puis se dirige vers la porte de droite mais se retourne encore une fois avant de sortir.*

L'INFIRMIÈRE EN CHEF. Mais...

MELLE LE DOCTEUR. Je vous en prie, infirmière en chef Marta, je vous en prie.

*L'infirmière en chef est partie. Mademoiselle le docteur von Zahnd s'attable, ouvre le dossier et l'étudie.*

*Par la porte de droite, l'infirmière en chef introduit*

*dans la pièce madame Rose ainsi que trois enfants de respectivement quatorze, quinze et seize ans. Le plus âgé porte un cartable. Le missionnaire Rose ferme la marche. Mademoiselle le docteur se lève.*

MELLE LE DOCTEUR. Chère madame Möbius...

MME ROSE. Rose. Madame la missionnaire Rose. Cela va atrocement vous choquer, mais j'ai épousé il y a trois semaines le missionnaire Rose. Un peu précipitamment peut-être, nous avons fait connaissance en septembre lors d'un congrès. *Elle rougit et désigne de façon un peu gauche son nouveau mari.* Oskar était veuf.

MELLE LE DOCTEUR *lui serre la main.* Félicitations, madame Rose, je vous félicite de tout cœur. Et tous mes vœux à vous aussi, monsieur le missionnaire. *Elle lui fait un signe de la tête.*

MME ROSE. Vous comprenez notre décision ?

MELLE LE DOCTEUR. Mais bien sûr, madame Rose. La vie doit continuer à s'épanouir.

MISSIONNAIRE ROSE. Comme c'est calme ici ! Et accueillant ! Comme il est dit dans le psaume, une véritable paix divine règne dans cette demeure :
Car l'Éternel écoute les pauvres,
Et Il ne méprise point ses captifs.

MME ROSE. Oskar est en effet un grand prédicateur, mademoiselle le docteur. *Elle rougit.* Mes garçons.

MELLE LE DOCTEUR. Bonjour, les garçons !

LES TROIS GARÇONS. Bonjour, mademoiselle le docteur !

*Le plus jeune a ramassé quelque chose par terre.*

JÖRG-LUKAS. Un cordon de lampe, mademoiselle le docteur. Il traînait par terre.

MELLE LE DOCTEUR. Merci, mon grand. En voilà de magnifiques garçons, madame Rose. Vous pouvez regarder l'avenir avec confiance.

*Madame la missionnaire Rose s'assoit sur le canapé à*

*droite et mademoiselle le docteur à table, à gauche. Les trois garçons se tiennent derrière le canapé et le missionnaire Rose est assis à l'écart sur le fauteuil de droite.*

MME ROSE. Mademoiselle le docteur, ce n'est pas sans raison que j'ai amené mes garçons. Oskar va prendre ses fonctions dans une mission aux îles Mariannes.

MISSIONNAIRE ROSE. Dans l'océan Pacifique.

MME ROSE. Et j'estime qu'il serait convenable que mes garçons fassent la connaissance de leur père avant notre départ. Pour la première et la dernière fois. Ils étaient encore petits quand il est tombé malade et il s'agit désormais peut-être de prendre congé pour toujours.

MELLE LE DOCTEUR. Madame Rose, d'un point de vue médical, on pourrait certes émettre quelques réserves mais, d'un point de vue humain, votre souhait est tout à fait compréhensible et j'autorise volontiers cette rencontre familiale.

MME ROSE. Comment se porte mon petit Johann Wilhelm ?

MELLE LE DOCTEUR *feuillette le dossier.* Dans le cas de notre bon Möbius, on ne peut parler ni de progrès ni de régression, madame Rose. Il s'enferme dans son monde.

MME ROSE. Affirme-t-il toujours que le roi Salomon lui apparaît ?

MELLE LE DOCTEUR. Toujours.

MISSIONNAIRE ROSE. Un égarement à la fois triste et déplorable.

MELLE LE DOCTEUR. Je suis un peu surprise par la sévérité de votre jugement, monsieur le missionnaire Rose. En tant que théologien vous êtes quand même censé envisager la possibilité d'un miracle.

MISSIONNAIRE ROSE. Naturellement... mais pas quand il s'agit d'un malade mental.

MELLE LE DOCTEUR. Mon cher missionnaire Rose, la psychiatrie n'a pas à juger si les phénomènes que perçoivent les malades sont réels ou non. Son rôle se cantonne à s'occuper de leur état émotionnel et nerveux et, chez notre brave Möbius, cet état est déjà assez triste comme cela, même si la maladie progresse lentement. L'aider ? Mon Dieu ! Une nouvelle cure d'insuline était prévue, je l'avoue, mais puisque les autres cures n'ont eu aucun effet, j'y ai renoncé. Je n'ai malheureusement pas de pouvoirs magiques, madame Rose, et je ne peux pas requinquer notre brave Möbius, mais je ne veux pas le torturer non plus.

MME ROSE. Sait-il que je... je veux dire, sait-il pour le divorce ?

MELLE LE DOCTEUR. Il est informé.

MME ROSE. A-t-il compris ?

MELLE LE DOCTEUR. Il ne s'intéresse quasiment plus au monde extérieur.

MME ROSE. Mademoiselle le docteur, comprenez-moi bien. Je l'ai connu alors qu'il n'était encore qu'un lycéen de quinze ans. Chez mon père, où il avait loué une mansarde. Il était orphelin et terriblement pauvre. Je lui ai donné la possibilité de passer le baccalauréat et plus tard de faire des études de physique. Le jour de son vingtième anniversaire, nous nous sommes mariés. Contre la volonté de mes parents. Nous travaillions jour et nuit. Il rédigeait sa thèse et j'avais pris un emploi dans une entreprise de transport. Quatre ans plus tard est arrivé Adolf-Friedrich, notre aîné, et ensuite les deux autres garçons. Une chaire de professeur était enfin en vue, nous pensions pouvoir respirer et c'est là que Johann Wilhelm est tombé malade ; et sa maladie a englouti des sommes colossales. J'ai commencé à travailler dans une manufacture de chocolat pour subvenir aux besoins de ma famille. Chez Tobler. *Elle essuie une larme en silence.* Je me suis donné du mal toute ma vie.

*Tous sont émus.*

MELLE LE DOCTEUR. Madame Rose, vous êtes une femme courageuse.

MISSIONNAIRE ROSE. Et une bonne mère.

MME ROSE. Mademoiselle le docteur, jusqu'à présent j'ai financé le séjour de Johann Wilhelm dans votre institution. Les frais étaient bien au-dessus de mes moyens mais Dieu m'a toujours aidée. Mais mes ressources sont épuisées. Je ne pourrai plus réunir les sommes à venir.

MELLE LE DOCTEUR. C'est compréhensible, madame Rose.

MME ROSE. Mademoiselle le docteur, j'ai peur que vous ne pensiez que j'ai épousé Oskar seulement pour ne plus avoir Johann Wilhelm à ma charge. Mais ce n'est pas vrai. C'est encore plus difficile pour moi maintenant. Oskar amène six garçons dans notre foyer.

MELLE LE DOCTEUR. Six ?

MISSIONNAIRE ROSE. Six.

MME ROSE. Six. Oskar adore être père. Seulement, maintenant, il y a neuf enfants à nourrir ; or Oskar n'est pas franchement robuste et son salaire est bien maigre. *Elle pleure.*

MELLE LE DOCTEUR. Allons, madame Rose, allons. Ne pleurez pas.

MME ROSE. Je m'en veux énormément d'avoir abandonné mon pauvre petit Johann Wilhelm.

MELLE LE DOCTEUR. Madame Rose ! Il ne faut pas vous affliger.

MME ROSE. Mon petit Johann Wilhelm va certainement être interné dans un établissement de santé public.

MELLE LE DOCTEUR. Mais non, madame Rose. Notre brave Möbius va rester ici à la villa. Vous avez ma parole. Il s'est bien adapté et a trouvé ici de gentils, d'adorables collègues. Je ne suis quand même pas un monstre.

MME ROSE. Vous êtes tellement bonne avec moi, mademoiselle le docteur.

MELLE LE DOCTEUR. Mais non, madame Rose, pas du tout. C'est juste qu'il y a des fondations. Le fonds Opel pour les scientifiques malades, la fondation du docteur Steinemann. Il y a de l'argent à la pelle et c'est mon devoir, en tant que médecin, d'en pelleter un peu pour votre petit Johann Wilhelm. Vous pouvez prendre votre bateau pour les Mariannes la conscience tranquille. Bon, il est temps d'aller chercher notre cher Möbius.

*Elle se dirige vers le fond et ouvre la porte numéro 1. Madame Rose se lève, agitée.*

MELLE LE DOCTEUR. Cher Möbius, vous avez de la visite. Quittez votre antre de physicien et venez au salon.

*De la chambre numéro 1 sort Johann Wilhelm Möbius, un homme d'une quarantaine d'années, l'allure un peu gauche.*

*Il parcourt la pièce du regard, l'air peu assuré, il observe madame Rose, puis les garçons, et enfin monsieur le missionnaire Rose. Il semble ne rien comprendre, reste silencieux.*

MME ROSE. Johann Wilhelm.

LES GARÇONS. Papa.

*Möbius garde le silence.*

MELLE LE DOCTEUR. Mon cher Möbius, vous reconnaissez encore votre femme, j'espère.

MÖBIUS *fixe madame Rose.* Lina ?

MELLE LE DOCTEUR. Vous y êtes, Möbius. Bien sûr que c'est votre Lina.
MÖBIUS. Bonjour Lina.
MME ROSE. Mon petit Johann Wilhelm, mon cher, si cher petit Johann Wilhelm.
MELLE LE DOCTEUR. Bien. Partons du principe que c'est gagné. Madame Rose, monsieur le missionnaire, si vous souhaitez me parler ensuite, je suis à votre disposition dans le nouveau bâtiment. *Elle sort par la porte-fenêtre et s'en va vers la gauche.*
MME ROSE. Tes garçons, Johann Wilhelm.
MÖBIUS *reste interloqué*. Trois ?
MME ROSE. Bien sûr, Johann Wilhelm. Trois. *Elle lui présente les garçons.* Adolf-Friedrich, ton aîné.
*Möbius lui serre la main.*
MÖBIUS. Enchanté, Adolf-Friedrich, mon aîné.
ADOLF-FRIEDRICH. Bonjour papa.
MÖBIUS. Quel âge as-tu donc, Adolf-Friedrich ?
ADOLF-FRIEDRICH. Seize ans, papa.
MÖBIUS. Que veux-tu faire plus tard ?
ADOLF-FRIEDRICH. Pasteur, papa.
MÖBIUS. Je me souviens. Une fois j'ai traversé la place Saint-Joseph en te tenant par la main. Le soleil était éblouissant et les contours des ombres d'une grande netteté. *Il se tourne vers le suivant.* Et toi... tu es ?
WILFRIED-KASPAR. Je m'appelle Wilfried-Kaspar, papa.
MÖBIUS. Quatorze ans ?
WILFRIED-KASPAR. Quinze. J'aimerais faire des études de philosophie.
MÖBIUS. Philosophie ?
MME ROSE. Un enfant particulièrement précoce.
WILFRIED-KASPAR. J'ai lu Schopenhauer et Nietzsche.
MME ROSE. Ton benjamin, Jörg-Lukas. Quatorze ans.

JÖRG-LUKAS. Bonjour papa.
MÖBIUS. Bonjour, Jörg-Lukas, mon benjamin.
MME ROSE. C'est celui qui te ressemble le plus.
JÖRG-LUKAS. Je veux devenir physicien, papa.
MÖBIUS *regarde son benjamin avec effroi.* Physicien ?
JÖRG-LUKAS. Oui, papa.
MÖBIUS. Il ne faut pas, Jörg-Lukas. En aucun cas. Il faut te sortir ça de la tête. Je... Je te l'interdis.
JÖRG-LUKAS, *déconcerté.* Mais tu es bien devenu physicien toi, papa...
MÖBIUS. Je n'aurais jamais dû, Jörg-Lukas. Jamais. Je ne serais pas dans un asile à l'heure qu'il est.
MME ROSE. Mais Johann Wilhelm, ce n'est pas un asile. Tu es dans un sanatorium, pas dans un asile. Tes nerfs sont un peu fragilisés, voilà tout.
MÖBIUS *hoche la tête.* Non, Lina. On me prend pour un fou. Tous. Et toi aussi. Et mes garçons aussi. Parce que j'ai des apparitions du roi Salomon.
*Tous se taisent, gênés. Madame Rose désigne le missionnaire Rose.*
MME ROSE. Johann Wilhelm, je te présente Oskar Rose. Mon mari. Il est missionnaire.
MÖBIUS. Ton mari ? Mais c'est moi ton mari.
MME ROSE. Plus maintenant, mon petit Johann Wilhelm. *Elle rougit.* Nous sommes divorcés.
MÖBIUS. Divorcés ?
MME ROSE. Tu le sais bien.
MÖBIUS. Non.
MME ROSE. Mademoiselle le docteur t'en a informé. Très certainement.
MÖBIUS. Possible.
MME ROSE. Et ensuite j'ai donc épousé Oskar. Il a six garçons. Il était pasteur à Guttannen et vient d'accepter un poste aux îles Mariannes.
MISSIONNAIRE ROSE. Dans l'océan Pacifique.

MME ROSE. Nous embarquons après-demain à Brême.

*Möbius se tait, les autres sont gênés.*

MME ROSE. Eh oui. C'est comme ça.

MÖBIUS *fait un signe de tête au missionnaire Rose.* Je suis ravi de faire la connaissance du nouveau père de mes garçons, monsieur le missionnaire.

MISSIONNAIRE ROSE. Ils ont une grande place dans mon cœur, monsieur Möbius, tous les trois. Dieu nous aidera, comme il est dit dans le psaume : L'Éternel est mon berger, je ne manquerai de rien.

MME ROSE. Oskar connaît tous les psaumes par cœur. Les psaumes de David, les psaumes de Salomon.

MÖBIUS. Je suis content que les garçons aient trouvé un père digne de ce nom. Moi, je n'ai pas été à la hauteur.

MME ROSE. Mais, mon petit Johann Wilhelm...

MÖBIUS. Je vous félicite de tout mon cœur.

MME ROSE. Nous allons devoir partir.

MÖBIUS. Pour les Mariannes.

MME ROSE. Se dire au revoir.

MÖBIUS. Pour toujours.

MME ROSE. Tes garçons ont un remarquable talent musical, Johann Wilhelm. Ils sont très doués pour la flûte à bec. Jouez quelque chose à votre papa pour lui dire au revoir, les garçons.

LES GARÇONS. Oui, maman.

*Adolf-Friedrich ouvre le cartable et distribue les flûtes.*

MME ROSE. Installe-toi, mon petit Johann Wilhelm.

*Möbius s'installe à la table. Madame Rose et le missionnaire Rose s'assoient sur le canapé. Les garçons se placent au milieu du salon.*

JÖRG-LUKAS. Un morceau de Buxtehude.

ADOLF-FRIEDRICH. Un, deux, trois.

*Les garçons jouent de la flûte à bec.*

MME ROSE. Plus de cœur, les garçons, plus de cœur !

*Les garçons mettent davantage de cœur dans leur jeu. Möbius se lève d'un bond.*

MÖBIUS. Non ! Ce n'est pas une bonne idée ! Pitié, non !

*Les garçons s'arrêtent, déconcertés.*

MÖBIUS. Arrêtez de jouer. S'il vous plaît. Pour l'amour de Salomon. Arrêtez de jouer.

MME ROSE. Mais Johann Wilhelm !

MÖBIUS. Pitié, ne jouez plus. Pitié ne jouez plus. Pitié, pitié.

MISSIONNAIRE ROSE. Monsieur Möbius. Au contraire, le roi Salomon va se réjouir de ce morceau de flûte joué par ces garçonnets innocents. Pensez donc, Salomon, le psalmiste, Salomon, le chanteur du Cantique des cantiques !

MÖBIUS. Monsieur le missionnaire. Je connais Salomon personnellement. Il n'est plus le grand roi d'or, qui chante la Sulamite et les faons jumeaux qui paissent sous les roses, il a jeté son manteau de pourpre...

*Möbius se précipite tout d'un coup vers sa chambre en passant devant la famille effrayée et ouvre la porte d'un geste brusque.*

MÖBIUS. ... il est accroupi dans ma chambre, nu et puant, le pauvre roi de la vérité, et ses psaumes sont terribles. Écoutez bien, missionnaire, vous aimez les psaumes, vous les connaissez tous, apprenez aussi ceux-ci par cœur :

*Il s'est approché de la table par la gauche, il la retourne, monte dessus et s'assoit.*

Un psaume de Salomon dédié aux astronautes.
Nous avons foutu le camp dans l'Univers.
Vers les déserts de la Lune. Avons été engloutis dans sa poussière.
Certains ont crevé là, en silence.
Mais la plupart ont bouilli

Dans les vapeurs de plomb de Mercure,
Et se sont dissous dans les flaques de pétrole de Vénus.
Même sur Mars, le soleil nous bouffait,
Tonnant, radioactif et jaune.

MME ROSE. Mais Johann Wilhelm...

MÖBIUS. Jupiter puait,
Une purée de méthane tournant à toute vitesse,
Suspendue au-dessus de nous, si puissante
Que nous avons submergé Ganymède de vomi.

MISSIONNAIRE ROSE. Monsieur Möbius...

MÖBIUS. Nous avons abreuvé Saturne de jurons,
Inutile de s'attarder sur la suite :
Uranus, Neptune
Gelées, d'un gris verdâtre ;
Nos dernières blagues salaces
Tombèrent sur Pluton et la planète X.

LES GARÇONS. Papa...

MÖBIUS. Nous avions depuis longtemps confondu le Soleil avec Sirius,
Et Sirius avec Canopus.
Partis à la dérive, nous nous élancions dans les profondeurs
Vers quelques étoiles blêmes,
Que nous n'atteignîmes pas davantage.

MME ROSE. Mon petit Johann Wilhelm ! Mon petit Johann Wilhelm chéri !

MÖBIUS. Depuis longtemps déjà, momifiés dans nos vaisseaux,
Sous une croûte d'immondices.

*L'infirmière en chef et l'infirmière Monika arrivent par la droite.*

L'INFIRMIÈRE EN CHEF. Enfin, monsieur Möbius !

MÖBIUS. Sur nos visages grimaçants, plus aucun souvenir
D'un souffle de vie terrestre.

*Il est assis, sur la table renversée, figé, avec comme un masque sur le visage.*

MME ROSE. Mon petit Johann Wilhelm !

MÖBIUS. Maintenant, foutez le camp aux Mariannes !

LES GARÇONS. Papa...

MÖBIUS. Foutez le camp ! Plus vite que ça ! Aux Mariannes ! *Il se lève, menaçant.*

*La famille Rose est abasourdie.*

L'INFIRMIÈRE EN CHEF. Venez madame Rose, venez les garçons et monsieur le missionnaire. Il faut qu'il se calme, c'est tout.

MÖBIUS. Sortez de là ! Sortez !

L'INFIRMIÈRE EN CHEF. Une petite crise. L'infirmière Monika va rester avec lui et le calmer. Ce n'est qu'une petite crise.

MÖBIUS. Débarrassez le plancher ! Pour toujours ! Dans le Pacifique !

JÖRG-LUKAS. Adieu, papa ! Adieu !

*L'infirmière en chef fait sortir la famille atterrée et en pleurs par la droite. Möbius continue à leur crier après sans retenue.*

MÖBIUS. Je ne veux plus jamais vous revoir ! Vous avez offensé le roi Salomon ! Soyez maudits ! Allez donc vous faire engloutir dans la fosse des Mariannes et toutes les îles Mariannes avec ! Par onze mille mètres de fond ! Allez pourrir dans le trou le plus noir de la mer, oubliés de Dieu et des hommes !

L'INFIRMIÈRE MONIKA. Nous sommes seuls. Votre famille ne vous entend plus.

*Möbius fixe l'infirmière Monika d'un air étonné, il semble enfin revenir à lui.*

MÖBIUS. Ah oui, c'est vrai.

*L'infirmière Monika se tait. Il est un peu gêné.*

MÖBIUS. J'y suis allé un peu fort ?

L'INFIRMIÈRE MONIKA. Plutôt, oui.

MÖBIUS. Il fallait que je dise la vérité.

L'INFIRMIÈRE MONIKA. Apparemment.

MÖBIUS. Je me suis énervé.

L'INFIRMIÈRE MONIKA. Vous avez simulé.

MÖBIUS. Vous avez deviné ?

L'INFIRMIÈRE MONIKA. Cela fait quand même deux ans que je vous soigne.

MÖBIUS *marche de long en large puis s'arrête.* Bien. Je l'admets. J'ai joué le forcené.

L'INFIRMIÈRE MONIKA. Dans quel but ?

MÖBIUS. Pour prendre congé de ma femme et de mes garçons. Pour toujours.

L'INFIRMIÈRE MONIKA. De cette horrible manière ?

MÖBIUS. De cette manière humaine. Quand on se trouve déjà dans un asile, la meilleure solution pour effacer le passé est un comportement délirant : ma famille peut maintenant m'oublier avec la conscience tranquille. La scène que je leur ai jouée leur a ôté l'envie de revenir me voir. Les conséquences que cela aura pour moi sont sans importance, il n'y a que la vie en dehors de l'institution qui compte. Être fou coûte cher. Pendant quinze ans ma bonne Lina a payé des sommes faramineuses, il était temps d'y mettre un point final. Le moment était propice. Salomon m'a dévoilé ce qu'il y avait à dévoiler, le système de toutes les inventions possibles est clos, les dernières pages sont dictées, et ma femme a trouvé un bien brave mari en la personne du missionnaire Rose. Vous pouvez être rassurée, infirmière Monika, tout est en ordre maintenant. *Il veut s'en aller.*

L'INFIRMIÈRE MONIKA. Vous avez tout planifié.

MÖBIUS. Je suis physicien. *Il se dirige vers sa chambre.*

L'INFIRMIÈRE MONIKA. Monsieur Möbius.

MÖBIUS *s'arrête.* Infirmière Monika ?

L'INFIRMIÈRE MONIKA. Il faut que je vous parle.
MÖBIUS. Je vous en prie.
L'INFIRMIÈRE MONIKA. Il s'agit de nous deux.
MÖBIUS. Asseyons-nous.
*Ils s'assoient. Elle sur le canapé, lui sur le fauteuil à sa gauche.*
L'INFIRMIÈRE MONIKA. Nous aussi, nous devons nous dire au revoir. Nous aussi pour toujours.
MÖBIUS *s'affole.* Vous m'abandonnez ?
L'INFIRMIÈRE MONIKA. Ce sont les ordres.
MÖBIUS. Que s'est-il passé ?
L'INFIRMIÈRE MONIKA. On me transfère dans le bâtiment principal. À partir de demain, ce sont des infirmiers qui assureront la surveillance ici. Les infirmières n'ont plus le droit de pénétrer dans cette villa.
MÖBIUS. À cause de Newton et d'Einstein ?
L'INFIRMIÈRE MONIKA. À la demande expresse du procureur. Craignant de gros ennuis, la médecin-chef a cédé.
*Silence.*
MÖBIUS, *l'air abattu.* Infirmière Monika, je suis maladroit. J'ai oublié comment on exprime ses sentiments. On peut difficilement qualifier de conversation mes échanges en jargon scientifique avec les deux autres pensionnaires. Je suis devenu muet, intérieurement aussi, j'en ai bien peur. Mais il faut que vous sachiez que tout est différent pour moi depuis que je vous connais. Plus supportable. Mais maintenant cette époque-là aussi est révolue. Deux années durant lesquelles j'ai été un peu plus heureux que d'ordinaire. Parce que grâce à vous, infirmière Monika, j'ai trouvé le courage d'assumer ma réclusion et mon destin de... fou. Adieu. *Il se lève et veut lui tendre la main.*

L'INFIRMIÈRE MONIKA. Monsieur Möbius, je ne vous considère pas comme... fou.

MÖBIUS *rit et se rassoit*. Moi non plus. Mais cela ne change rien à ma situation. J'ai la malchance d'avoir des visions du roi Salomon. Et il n'y a rien de plus choquant qu'un miracle au royaume de la science.

L'INFIRMIÈRE MONIKA. Monsieur Möbius, je crois à ce miracle.

MÖBIUS *la fixe, décontenancé*. Vous croyez ?

L'INFIRMIÈRE MONIKA. Au roi Salomon.

MÖBIUS. Qu'il m'apparaît ?

L'INFIRMIÈRE MONIKA. Qu'il vous apparaît.

MÖBIUS. Chaque jour, chaque nuit ?

L'INFIRMIÈRE MONIKA. Chaque jour, chaque nuit.

MÖBIUS. Qu'il me dicte les secrets de la nature ? Le lien entre toutes choses ? Le système de toutes les inventions possibles ?

L'INFIRMIÈRE MONIKA. Je le crois. Et si vous racontiez que le roi David, lui aussi, vous apparaît avec sa cour, je le croirais. Je sais tout simplement que vous n'êtes pas malade. Je le sens.

*Silence. Puis Möbius bondit sur ses pieds.*

MÖBIUS. Infirmière Monika ! Partez !

L'INFIRMIÈRE MONIKA *reste assise*. Je reste.

MÖBIUS. Je ne veux plus vous voir.

L'INFIRMIÈRE MONIKA. Vous avez besoin de moi. Vous n'avez plus personne d'autre au monde. Personne.

MÖBIUS. C'est mortel de croire au roi Salomon.

L'INFIRMIÈRE MONIKA. Je vous aime.

*Möbius fixe l'infirmière, l'air perplexe, puis se rassoit, toujours en silence.*

MÖBIUS *à voix basse, l'air abattu*. Vous courez à votre perte.

L'INFIRMIÈRE MONIKA. Je n'ai pas peur pour moi, j'ai

peur pour vous. Newton et Einstein sont dangereux.

MÖBIUS. Avec moi, ça se passe bien.

L'INFIRMIÈRE MONIKA. Avec les infirmières Dorothea et Irene aussi, ça se passait bien. Jusqu'à ce qu'elles y passent.

MÖBIUS. Infirmière Monika, vous m'avez avoué me croire et m'aimer. Vous me forcez à vous dire la vérité à mon tour. Je vous aime aussi, Monika.

*Elle le fixe.*

MÖBIUS. Plus que ma vie. Et c'est pour cela que vous êtes en danger. Parce que nous nous aimons.

*Einstein sort de la chambre numéro 2, une pipe à la bouche.*

EINSTEIN. Je me suis encore réveillé.

L'INFIRMIÈRE MONIKA. Mais professeur...

EINSTEIN. Je me suis souvenu tout d'un coup.

L'INFIRMIÈRE MONIKA. Mais professeur...

EINSTEIN. J'ai étranglé l'infirmière Irene.

L'INFIRMIÈRE MONIKA. N'y pensez plus, professeur.

EINSTEIN *contemple ses mains*. Pourrai-je un jour rejouer du violon ?

*Möbius se lève, comme pour protéger Monika.*

MÖBIUS. Mais vous avez déjà rejoué du violon depuis.

EINSTEIN. Convenablement ?

MÖBIUS. La « Sonate à Kreutzer ». Pendant que la police était là.

EINSTEIN. La « Sonate à Kreutzer ». Dieu soit loué. *Son visage s'est éclairé, mais s'assombrit de nouveau*. Pourtant, je n'aime pas jouer du violon et je n'aime pas fumer la pipe non plus. Cela a un goût infect.

MÖBIUS. Eh bien vous n'avez qu'à arrêter.

EINSTEIN. Mais je ne peux pas. En tant qu'Albert Einstein. *Il les regarde tous les deux attentivement*. Vous vous aimez ?

L'INFIRMIÈRE MONIKA. Nous nous aimons.

*Einstein se dirige pensif vers le fond de la scène, vers l'endroit où gisait l'infirmière assassinée, et observe la silhouette dessinée à la craie sur le sol.*

EINSTEIN. L'infirmière Irene et moi nous aimions, nous aussi. Elle était prête à tout pour moi, l'infirmière Irene. Je l'ai mise en garde. Je lui ai crié après. Je l'ai traitée comme un chien. Je l'ai suppliée de fuir. En vain. Elle est restée. Elle voulait partir vivre avec moi à la campagne. À Kohlwang. Elle voulait m'épouser. Elle avait même déjà l'autorisation. Du docteur von Zahnd. Alors je l'ai étranglée. La pauvre infirmière Irene. Il n'y a rien de plus insensé au monde que la frénésie avec laquelle les bonnes femmes se sacrifient.

L'INFIRMIÈRE MONIKA *s'avance vers lui.* Retournez vous coucher, professeur.

EINSTEIN. Vous pouvez m'appeler Albert.

L'INFIRMIÈRE MONIKA. Soyez raisonnable, Albert.

EINSTEIN. Soyez raisonnable, infirmière Monika. Obéissez à votre bien-aimé et fuyez ! Sinon vous êtes perdue. *Il se tourne de nouveau vers la chambre numéro 2.* Je retourne dormir. *Il disparaît dans la chambre numéro 2.*

L'INFIRMIÈRE MONIKA. Pauvre dément.

MÖBIUS. Il devrait vous avoir enfin convaincue de l'impossibilité de m'aimer.

L'INFIRMIÈRE MONIKA. Mais vous n'êtes pas fou.

MÖBIUS. Il serait plus raisonnable que vous me preniez pour tel. Fuyez ! Débarrassez le plancher ! Décampez ! Sinon je vais devoir vous traiter comme un chien vous aussi.

L'INFIRMIÈRE MONIKA. Traitez-moi plutôt comme votre bien-aimée.

MÖBIUS. Venez, Monika. *Il la guide vers un fauteuil, s'assoit en face d'elle, lui prend les mains.* Écoutez. J'ai commis une grave erreur. J'ai révélé mon secret, je n'ai pas tu les apparitions de Salomon. Il me le fait payer. À vie. C'est dans l'ordre des choses. Mais il est hors de question que vous aussi soyez punie pour ça. Aux yeux du monde, vous aimez un malade mental. Vous n'allez récolter que du malheur. Quittez l'institution, oubliez-moi. C'est ce qu'il y a de mieux pour nous deux.

L'INFIRMIÈRE MONIKA. Éprouvez-vous du désir pour moi ?

MÖBIUS. Pourquoi me parlez-vous ainsi ?

L'INFIRMIÈRE MONIKA. Je veux faire l'amour avec vous, je veux avoir des enfants de vous. Je sais que je parle sans pudeur. Mais pourquoi ne me regardez-vous pas ? Je ne vous plais pas ? Je vous le concède, ma tenue d'infirmière est hideuse. *Elle arrache la coiffe de ses cheveux.* Je déteste mon métier ! Cela fait cinq ans que je soigne les malades, au nom de l'amour du prochain. Je n'ai jamais détourné le regard, j'ai toujours été là pour chacun, je me suis sacrifiée. Mais désormais je ne veux me sacrifier que pour une seule personne, n'être là que pour une seule personne, et pas toujours pour les autres. Je veux être là pour mon bien-aimé. Pour vous. Je suis prête à faire tout ce que vous exigerez de moi, à travailler pour vous jour et nuit, la seule chose que vous n'avez pas le droit de faire, c'est me chasser ! Moi non plus je n'ai plus personne d'autre au monde que vous ! Moi aussi je suis seule !

MÖBIUS. Monika. Je suis obligé de vous chasser.

L'INFIRMIÈRE MONIKA, *désespérée.* Tu ne m'aimes donc pas du tout ?

MÖBIUS. Je t'aime, Monika. Mon Dieu, je t'aime, c'est ça qui est fou.

L'INFIRMIÈRE MONIKA. Alors pourquoi me trahis-tu ?

Et pas seulement moi. Tu affirmes que le roi Salomon t'apparaît. Pourquoi le trahis-tu lui aussi ?

MÖBIUS, *extrêmement énervé, l'attrape.* Monika ! Tu peux bien croire ce que tu veux de moi, me prendre pour un faible. C'est ton droit. Je ne suis pas digne de ton amour. Mais je suis resté fidèle à Salomon. Il a débarqué dans mon existence, tout d'un coup, sans avoir été convié, il a abusé de moi, a détruit ma vie, mais je ne l'ai pas trahi.

L'INFIRMIÈRE MONIKA. En es-tu sûr ?

MÖBIUS. Tu en doutes ?

L'INFIRMIÈRE MONIKA. Tu crois qu'il te fait payer parce que tu as révélé ses apparitions. Mais peut-être paies-tu parce que tu ne t'investis pas pour ses révélations.

MÖBIUS *la lâche.* Je... ne te comprends pas.

L'INFIRMIÈRE MONIKA. Il te dicte le système de toutes les inventions possibles. Est-ce que tu te bats pour que cela soit reconnu ?

MÖBIUS. Mais on me prend pour fou.

L'INFIRMIÈRE MONIKA. Pourquoi manques-tu tant de courage ?

MÖBIUS. Dans mon cas, le courage est un crime.

L'INFIRMIÈRE MONIKA. Johann Wilhelm. J'ai parlé avec mademoiselle le docteur von Zahnd.

MÖBIUS *la fixe.* Tu lui as parlé ?

L'INFIRMIÈRE MONIKA. Tu es libre.

MÖBIUS. Libre ?

L'INFIRMIÈRE MONIKA. Nous pouvons nous marier.

MÖBIUS. Mon Dieu.

L'INFIRMIÈRE MONIKA. Mademoiselle le docteur von Zahnd a déjà tout réglé. D'après elle, tu es certes malade, mais inoffensif. Et de toute façon, ce n'est pas héréditaire. Elle a même ajouté en riant qu'elle était plus folle que toi.

MÖBIUS. C'est gentil de sa part.

L'INFIRMIÈRE MONIKA. N'est-ce pas un être admirable ?

MÖBIUS. Certainement.

L'INFIRMIÈRE MONIKA. Johann Wilhelm ! J'ai accepté un poste d'infirmière municipale à Blumenstein. J'ai des économies. Nous n'avons pas de souci à nous faire. Nous n'avons qu'à nous aimer.

*Möbius s'est levé. La pièce s'assombrit progressivement.*

L'INFIRMIÈRE MONIKA. N'est-ce pas merveilleux ?

MÖBIUS. Assurément.

L'INFIRMIÈRE MONIKA. Tu ne te réjouis pas.

MÖBIUS. C'est tellement inattendu.

L'INFIRMIÈRE MONIKA. J'ai fait plus encore.

MÖBIUS. C'est-à-dire ?

L'INFIRMIÈRE MONIKA. J'ai parlé avec Scherbert, le célèbre professeur de physique.

MÖBIUS. C'était mon professeur.

L'INFIRMIÈRE MONIKA. Il s'en souvenait très bien. D'après lui, tu étais son meilleur élève.

MÖBIUS. Et de quoi lui as-tu parlé ?

L'INFIRMIÈRE MONIKA. Il m'a promis de relire tes manuscrits sans a priori.

MÖBIUS. Est-ce que tu lui as aussi raconté qu'ils émanent de Salomon ?

L'INFIRMIÈRE MONIKA. Évidemment.

MÖBIUS. Et alors ?

L'INFIRMIÈRE MONIKA. Il a ri. Il a dit que tu avais toujours été un grand plaisantin. Johann Wilhelm ! Nous ne devons pas seulement penser à nous. Tu as été choisi. Salomon t'est apparu, il s'est confié à toi dans sa magnificence, tu as reçu la sagesse du ciel. Maintenant, tu dois suivre le chemin dicté par ce miracle, imperturbablement, même si ce chemin est parsemé de railleries et de rires, d'incrédulité et de doute. Mais ce chemin mène hors de cette institution. Johann Wilhelm, il mène au grand jour, pas à la solitude ; il mène au combat. Je suis là pour t'aider, pour combattre à tes côtés, le ciel qui t'a envoyé Salomon m'a envoyée moi aussi.

*Möbius regarde par la fenêtre.*

L'INFIRMIÈRE MONIKA. Mon chéri.

MÖBIUS. Ma bien-aimée ?

L'INFIRMIÈRE MONIKA. Tu n'es pas content ?

MÖBIUS. Si, très.

L'INFIRMIÈRE MONIKA. Il faut que nous fassions tes valises. Le train pour Blumenstein part à huit heures vingt. *Elle entre dans la chambre numéro 1.*

MÖBIUS, *seul.* Il n'y a pas grand-chose.

*Monika sort de la chambre numéro 1 avec une pile de manuscrits.*

L'INFIRMIÈRE MONIKA. Tes manuscrits. *Elle les pose sur la table.* Il fait sombre.

MÖBIUS. La nuit tombe vite maintenant.

L'INFIRMIÈRE MONIKA. Je vais allumer la lumière. Ensuite je ferai ta valise.

MÖBIUS. Attends. Viens près de moi.

*Elle s'approche de lui. Seules leurs deux silhouettes sont encore visibles.*

L'INFIRMIÈRE MONIKA. Tu as les larmes aux yeux.

MÖBIUS. Toi aussi.

L'INFIRMIÈRE MONIKA. Des larmes de joie.

*Il arrache le rideau et l'en recouvre. Brève lutte. On ne distingue plus les silhouettes. Puis le silence se fait. La porte de la chambre numéro 3 s'ouvre. Un rai de lumière pénètre dans la pièce. Newton se tient à la porte en costume de son siècle. Möbius se dirige vers la table et prend ses manuscrits.*

NEWTON. Que s'est-il passé ?

MÖBIUS, *se dirigeant vers sa chambre.* J'ai étranglé l'infirmière Monika Stettler.

*De la chambre numéro 2, on entend Einstein jouer du violon.*

NEWTON. Tiens, Einstein joue de nouveau. Kreisler. « Jolie Rose-Marie ». *Il se dirige vers la cheminée et sort le cognac.*

# ACTE 2

*Une heure plus tard, la même pièce. Dehors il fait nuit. De nouveau la police. De nouveau on mesure, on prend des notes, on photographie. Seulement, cette fois-ci, le public doit supposer, sans le voir, le cadavre de Monika Stettler au fond à droite sous la fenêtre. Le salon est éclairé. Le lustre et la lampe sur pied sont allumés. Mademoiselle le docteur Mathilde von Zahnd est assise sur le canapé, la mine sombre, absorbée dans ses pensées. Sur la table basse devant elle, une boîte de cigares, sur le fauteuil de droite, Guhl avec un bloc de sténo. L'inspecteur Voß, en manteau et chapeau, se détourne du cadavre et vient vers le devant de la scène.*

MELLE LE DOCTEUR. Un havane ?
L'INSPECTEUR. Non merci.
MELLE LE DOCTEUR. Un schnaps ?
L'INSPECTEUR. Plus tard.
*Silence.*
L'INSPECTEUR. Blocher, tu peux photographier.
BLOCHER. Bien, monsieur l'inspecteur.
*On photographie. Flashs.*
L'INSPECTEUR. Comment s'appelait l'infirmière ?
MELLE LE DOCTEUR. Monika Stettler.
L'INSPECTEUR. Âge ?
MELLE LE DOCTEUR. Vingt-cinq ans. Elle était de Blumenstein.
L'INSPECTEUR. De la famille ?
MELLE LE DOCTEUR. Aucune.
L'INSPECTEUR. Vous avez la déposition, Guhl ?
GUHL. Affirmatif, monsieur l'inspecteur.
L'INSPECTEUR. Étranglée elle aussi, docteur ?
LE MÉDECIN LÉGISTE. Cela ne fait aucun doute. De

nouveau avec une force colossale. Mais, cette fois, avec l'embrasse du rideau.

L'INSPECTEUR. Comme il y a trois mois. *Il s'assoit, fatigué, sur le fauteuil devant à droite.*

MELLE LE DOCTEUR. Voulez-vous voir le meurtrier...

L'INSPECTEUR. Je vous en prie, mademoiselle le docteur !

MELLE LE DOCTEUR. Je veux dire, l'auteur des faits.

L'INSPECTEUR. Je n'y songe même pas.

MELLE LE DOCTEUR. Mais...

L'INSPECTEUR. Mademoiselle le docteur von Zahnd. Je fais mon devoir, j'enregistre les dépositions, je viens voir le corps, je le fais photographier et examiner par notre médecin légiste, mais je ne vais pas rendre visite à Möbius. Lui, je vous le laisse. Une bonne fois pour toutes. Avec les autres physiciens radioactifs.

MELLE LE DOCTEUR. Et le procureur ?

L'INSPECTEUR. Il n'enrage même plus. Il rumine.

MELLE LE DOCTEUR *Elle s'éponge le front.* Il fait chaud ici.

L'INSPECTEUR. Absolument pas.

MELLE LE DOCTEUR. Ce troisième meurtre...

L'INSPECTEUR. Je vous en prie, mademoiselle le docteur.

MELLE LE DOCTEUR. Je n'avais vraiment pas besoin de ce troisième incident aux « Cerisiers ». Je peux donner ma démission. Monika Stettler était ma meilleure infirmière. Elle comprenait les malades. Elle savait se mettre à leur place. Je l'aimais comme ma propre fille. Mais il y a plus grave que sa mort. J'ai perdu toute crédibilité professionnelle.

L'INSPECTEUR. Vous la regagnerez. Blocher, fais encore un cliché d'en haut.

BLOCHER. Bien, monsieur l'inspecteur.

*Deux gigantesques infirmiers arrivent par la droite en*

*poussant un chariot de vaisselle et de nourriture. L'un d'eux est noir. Ils sont accompagnés d'un infirmier en chef tout aussi gigantesque.*

L'INFIRMIER EN CHEF. Le dîner pour ces chers patients, mademoiselle le docteur.

L'INSPECTEUR *bondit*. Uwe Sievers.

L'INFIRMIER EN CHEF. Exact, monsieur l'inspecteur. Uwe Sievers. Ancien champion d'Europe de boxe poids lourds. Désormais infirmier en chef aux « Cerisiers ».

L'INSPECTEUR. Et les deux autres colosses ?

L'INFIRMIER EN CHEF. Murillo, champion sud-américain, également dans la catégorie poids lourds, et McArthur – *il montre l'infirmier noir* –, champion nord-américain, poids moyens. Redresse la table, McArthur.

*McArthur redresse la table.*

L'INFIRMIER EN CHEF. La nappe, Murillo.

*Murillo recouvre la table d'une nappe blanche.*

L'INFIRMIER EN CHEF. La porcelaine de Saxe, McArthur.

*McArthur dispose la vaisselle.*

L'INFIRMIER EN CHEF. Les couverts en argent, Murillo.

*Murillo dispose les couverts.*

L'INFIRMIER EN CHEF. La soupière au centre, McArthur.

*McArthur pose la soupière sur la table.*

L'INSPECTEUR. Que vont donc manger nos chers patients ? *Il soulève le couvercle de la soupière.* Soupe aux boulettes de foie.

L'INFIRMIER EN CHEF. Poulet à la broche et cordon-bleu.

L'INSPECTEUR. Fantastique.

L'INFIRMIER EN CHEF. Première classe.

L'INSPECTEUR. Je suis fonctionnaire de quatorzième classe et c'est moins raffiné à la maison.

L'INFIRMIER EN CHEF. Le repas est servi, mademoiselle le docteur.

MELLE LE DOCTEUR. Vous pouvez y aller, Sievers. Les patients se servent eux-mêmes.

L'INFIRMIER EN CHEF. Monsieur l'inspecteur, ce fut un honneur.

*Les trois s'inclinent et sortent par la droite.*

L'INSPECTEUR *les regarde partir.* Nom d'une pipe !

MELLE LE DOCTEUR. Satisfait ?

L'INSPECTEUR. Jaloux. Si seulement on les avait dans la police...

MELLE LE DOCTEUR. Leurs gages sont astronomiques.

L'INSPECTEUR. Avec vos barons de l'industrie et vos vieilles multimillionnaires, vous pouvez vous le permettre. Ces gaillards vont enfin calmer le procureur. Eux, personne ne leur échappera.

*On entend Einstein jouer du violon dans la chambre numéro 2.*

MELLE LE DOCTEUR. Encore la « Sonate à Kreutzer ».

L'INSPECTEUR. Je sais. L'andante.

BLOCHER. On arrive au bout, monsieur l'inspecteur.

L'INSPECTEUR. Dans ce cas, vous pouvez de nouveau évacuer le corps.

*Deux policiers soulèvent le cadavre. À cet instant, Möbius sort en trombe de la chambre numéro 1.*

MÖBIUS. Monika ! Ma bien-aimée !

*Les policiers portant le corps s'immobilisent, mademoiselle le docteur se lève majestueusement.*

MELLE LE DOCTEUR. Möbius ! Comment avez-vous pu ? Vous avez tué la meilleure, la plus douce, la plus adorable de mes infirmières !

MÖBIUS. Je suis tellement désolé, mademoiselle le docteur.

MELLE LE DOCTEUR. Désolé ?

MÖBIUS. Le roi Salomon l'a ordonné.

MELLE LE DOCTEUR. Le roi Salomon... *Elle se rassoit.*

*Lourdement. Blême.* Sa Majesté a ordonné ce meurtre.

MÖBIUS. J'étais à la fenêtre, le regard perdu dans l'obscurité. C'est alors que le roi s'est approché de moi en flottant au-dessus du parc et de la terrasse et m'a murmuré son ordre à travers la vitre.

MELLE LE DOCTEUR. Veuillez m'excuser, Voß. Mes nerfs.

L'INSPECTEUR. Aucun problème.

MELLE LE DOCTEUR. Diriger une telle institution est usant.

L'INSPECTEUR. Je l'imagine bien.

MELLE LE DOCTEUR. Je vais me retirer. *Elle se lève.* Monsieur l'inspecteur Voß, vous exprimerez au procureur mes regrets concernant les incidents survenus dans mon sanatorium. Assurez-le que tout est maintenant rentré dans l'ordre. Monsieur le médecin légiste, messieurs, ce fut un honneur. *Elle se dirige d'abord vers le fond à gauche, s'incline solennellement devant le corps, puis regarde Möbius, et sort finalement par la droite.*

L'INSPECTEUR. Bon. Maintenant vous pouvez définitivement emporter le corps dans la chapelle. Auprès de l'infirmière Irene.

MÖBIUS. Monika !

*Les deux policiers portant le corps et les autres portant les instruments sortent par la porte du jardin. Le médecin légiste les suit.*

MÖBIUS. Ma chère Monika.

L'INSPECTEUR *s'approche de la table basse près du canapé.* Finalement, j'aurais bien besoin d'un havane. Je l'ai mérité. *Il sort un énorme cigare de la boîte, le contemple.* Belle bête. *Il le coupe avec les dents, puis l'allume.* Mon cher Möbius, derrière la grille de la cheminée est caché le cognac de sir Isaac Newton.

MÖBIUS. Avec plaisir, monsieur l'inspecteur.

*L'inspecteur tire de petites bouffées, l'air absent, pendant que Möbius va chercher la bouteille de cognac et le verre.*

MÖBIUS. Puis-je vous servir ?

L'INSPECTEUR. Vous pouvez. *Il prend le verre et boit.*

MÖBIUS. Un autre ?

L'INSPECTEUR. Va pour un autre.

MÖBIUS *remplit le verre de nouveau.* Monsieur l'inspecteur, je dois vous demander de m'arrêter.

L'INSPECTEUR. Mais pourquoi donc, mon cher Möbius ?

MÖBIUS. Parce que, l'infirmière Monika, je l'ai quand même...

L'INSPECTEUR. D'après votre propre aveu, vous avez agi sur ordre du roi Salomon. Tant que je ne peux pas l'arrêter, vous êtes libre.

MÖBIUS. Pourtant...

L'INSPECTEUR. Il n'y a pas de « pourtant ». Servez-m'en un autre.

MÖBIUS. Avec plaisir, monsieur l'inspecteur.

L'INSPECTEUR. Et maintenant, rangez ce cognac, sinon les infirmiers vont le siffler.

MÖBIUS. Bien, monsieur l'inspecteur. *Il débarrasse le cognac.*

L'INSPECTEUR. Asseyez-vous.

MÖBIUS. Bien, monsieur l'inspecteur. *Il s'assoit sur la chaise.*

L'INSPECTEUR. Ici. *Il désigne le canapé.*

MÖBIUS. Bien, monsieur l'inspecteur. *Il s'assoit sur le canapé.*

L'INSPECTEUR. Voyez-vous, j'arrête chaque année quelques meurtriers dans notre petite ville ou dans les environs. Pas beaucoup. À peine une demi-douzaine. Il y en a certains que j'arrête volontiers, d'autres à contrecœur. Mais je dois quand même les arrêter. La justice est la justice. Et voilà que vous arrivez, vous et vos deux collègues. Au début, ça m'a contrarié de ne pas pouvoir intervenir, mais maintenant ? Tout d'un coup, ça me fait plaisir. J'en jubilerais presque. J'ai trouvé trois meurtriers qu'en toute bonne conscience je n'ai pas besoin d'arrêter. Pour la première fois, la justice prend des vacances, c'est un grand soulagement. Car, mon ami, la justice fatigue drôlement, on se ruine la santé et le moral à son service, j'ai tout simplement besoin d'une pause. Mon cher, ce plaisir, c'est à vous que je le dois. Adieu. Saluez Newton et Einstein bien chaleureusement de ma part et adressez mes hommages à Salomon.

MÖBIUS. Bien sûr, monsieur l'inspecteur.

*L'inspecteur s'en va. Möbius reste seul. Il s'assoit sur le canapé, se presse les tempes. Newton sort de la chambre numéro 3.*

NEWTON. Qu'est-ce qu'il y a au menu ?

*Möbius se tait.*

NEWTON *soulève le couvercle de la soupière.* Soupe aux boulettes de foie. *Il soulève les couvercles des autres plats sur le chariot.* Poulet à la broche, cordon-bleu. Étrange. D'habitude on mange léger le soir. Et plus simplement. Depuis que les autres patients ont été transférés dans le nouveau bâtiment. *Il se sert de la soupe.* Pas faim ?

*Möbius se tait.*

NEWTON. Je comprends. Après mon infirmière aussi, j'avais perdu l'appétit.

*Il s'assoit et commence à manger sa soupe aux boulettes de foie. Möbius se lève pour aller dans sa chambre.*

NEWTON. Restez.

MÖBIUS. Sir Isaac ?

NEWTON. Il faut que je vous parle, Möbius.

MÖBIUS *s'immobilise.* Alors ?

NEWTON *désigne le repas.* Vous ne voulez pas goûter la soupe ? Elle est délicieuse.

MÖBIUS. Non.

NEWTON. Mon cher Möbius, nous ne sommes plus soignés par des infirmières mais surveillés par des infirmiers. Par des gaillards immenses.

MÖBIUS. Cela n'a aucune importance.

NEWTON. Pour vous, peut-être, Möbius. Vous souhaitez visiblement passer toute votre vie dans cet asile. Mais pour moi, cela a de l'importance. Car je veux en sortir. *Il termine sa soupe aux boulettes de foie.* Bon. Passons au poulet à la broche. *Il se sert.* Les infirmiers me forcent à passer à l'action. Aujourd'hui même.

MÖBIUS. C'est votre problème.

NEWTON. Pas uniquement. Je vais vous faire un aveu, Möbius : je ne suis pas fou.

MÖBIUS. Bien sûr que non, sir Isaac.

NEWTON. Je ne suis pas sir Isaac Newton.

MÖBIUS. Je sais. Albert Einstein.

NEWTON. Foutaises. Et pas non plus Herbert Georg Beutler, comme on le croit ici. Mon vrai nom est Kilton, mon ami.

MÖBIUS *le fixe avec effroi.* Alec Jasper Kilton ?

NEWTON. Exact.

MÖBIUS. Celui qui est à l'origine de la loi de la correspondance ?

NEWTON. Lui-même.

MÖBIUS *s'approche de la table.* Vous vous êtes introduit ici ?

NEWTON. En faisant semblant d'être fou.

MÖBIUS. Afin de me... de m'espionner ?

NEWTON. Pour élucider la cause de votre folie. On m'a appris cet allemand irréprochable dans le camp d'entraînement de nos services secrets, un énorme travail.

MÖBIUS. Et c'est parce que l'infirmière Dorothea a découvert la vérité que vous...
NEWTON. C'est cela. Je suis terriblement désolé pour cet incident.
MÖBIUS. Je comprends.
NEWTON. Les ordres sont les ordres.
MÖBIUS. Évidemment.
NEWTON. Je n'avais pas le choix.
MÖBIUS. Bien sûr que non.
NEWTON. Il en allait de ma mission, l'affaire la plus secrète de nos services secrets. J'étais obligé de passer à l'acte, si je voulais éviter tout soupçon. L'infirmière Dorothea ne me considérait plus comme fou, la médecin-chef seulement comme modérément malade, il s'agissait de prouver définitivement ma folie par un meurtre. Dites donc, ce poulet à la broche est absolument divin.

*On entend Einstein jouer du violon dans la chambre numéro 2.*

MÖBIUS. Einstein joue de nouveau.
NEWTON. La gavotte de Bach.
MÖBIUS. Son repas va refroidir.
NEWTON. Laissez donc ce fou continuer à jouer.
MÖBIUS. Une menace ?
NEWTON. Je vous admire immensément. Cela me ferait de la peine de devoir vous brutaliser.
MÖBIUS. Vous avez pour mission de m'enlever ?
NEWTON. Si les soupçons de nos services secrets se révèlent exacts.
MÖBIUS. C'est-à-dire ?
NEWTON. Ils vous prennent incidemment pour le physicien le plus génial du moment.
MÖBIUS. Je ne suis qu'un homme nerveusement très atteint, Kilton, rien de plus.
NEWTON. Nos services secrets ne sont pas de cet avis.
MÖBIUS. Et que pensez-vous de moi ?

NEWTON. Je vous considère purement et simplement comme le plus grand physicien de tous les temps.

MÖBIUS. Et comment vos services secrets en sont-ils venus à s'intéresser à moi ?

NEWTON. Par moi. J'ai lu par hasard votre thèse sur les bases d'une physique moderne. J'ai d'abord pris votre étude pour une blague. Puis cela a été une révélation. J'avais dans les mains le document le plus génial de la physique moderne. J'ai commencé à faire des recherches sur l'auteur, mais je piétinais. J'en ai informé les services secrets qui eux, ont eu plus de succès.

EINSTEIN. Vous n'êtes pas le seul à avoir lu cette thèse, Kilton. *Il est sorti sans qu'on le remarque de la chambre numéro 2, avec son violon sous le bras et son archet.* Moi non plus je ne suis pas fou. Puis-je me présenter ? Je suis également physicien. Membre d'un service secret. Mais d'un autre, passablement différent. Mon nom est Joseph Eisler.

MÖBIUS. Celui qui a découvert l'effet Eisler ?

EINSTEIN. Lui-même.

MÖBIUS. Disparu en mille neuf cent cinquante.

EINSTEIN. Volontairement.

NEWTON *a soudain un revolver à la main*. Puis-je vous demander, Eisler, de vous mettre face contre le mur ?

EINSTEIN. Mais bien sûr. *Il se dirige tranquillement vers la cheminée, pose son violon sur le linteau, puis se retourne brusquement, un revolver à la main.* Mon très cher Kilton. Comme je suppose que nous savons tous deux bien manier les armes, ne pensez-vous pas qu'il vaudrait mieux éviter un duel ? Je suis prêt à ranger mon browning, si vous faites de même avec votre colt...

NEWTON. D'accord.

EINSTEIN. Derrière la grille de la cheminée, avec le

cognac. Au cas où les infirmiers arriveraient par surprise.

NEWTON. Bien.

*Tous deux déposent leur revolver derrière la grille de la cheminée.*

EINSTEIN. Vous avez chamboulé mes plans, Kilton. Vous, je vous prenais vraiment pour un fou.

NEWTON. Si cela peut vous consoler : je pensais la même chose de vous.

EINSTEIN. Quoi qu'il en soit, certaines choses ont dérapé. Par exemple avec l'infirmière Irene cet après-midi. Elle a exprimé ses soupçons et par là même signé son arrêt de mort. Je suis terriblement désolé pour cet incident.

MÖBIUS. Je comprends.

EINSTEIN. Les ordres sont les ordres.

MÖBIUS. Évidemment.

EINSTEIN. Je n'avais pas le choix.

MÖBIUS. Bien sûr que non.

EINSTEIN. Il en allait aussi de ma mission, également l'affaire la plus secrète de mes services secrets. Si l'on s'asseyait ?

NEWTON. Asseyons-nous.

*Il s'assoit à table, du côté gauche, Einstein du côté droit.*

MÖBIUS. Je suppose que vous aussi, Eisler, vous voulez me contraindre...

EINSTEIN. Voyons, Möbius.

MÖBIUS. ... m'inciter à me rendre dans votre pays.

EINSTEIN. Nous aussi, nous vous tenons pour le plus grand de tous les physiciens. Mais pour l'instant, c'est ce dîner qui m'intéresse. Un vrai repas du condamné. *Il se sert de la soupe.* Toujours pas d'appétit, Möbius ?

MÖBIUS. Si. Tout d'un coup. Maintenant que vous

avez été découverts. *Il s'assoit à table, entre les deux, et se sert également de la soupe.*
NEWTON. Du bourgogne, Möbius ?
MÖBIUS. Servez donc !
NEWTON *sert le vin.* J'attaque le cordon-bleu.
MÖBIUS. Ne vous gênez pas.
NEWTON. Bon appétit.
EINSTEIN. Bon appétit.
MÖBIUS. Bon appétit.
*Ils mangent. Les trois infirmiers arrivent par la droite, l'infirmier en chef tient un carnet à la main.*
L'INFIRMIER EN CHEF. Patient Beutler !
NEWTON. Présent.
L'INFIRMIER EN CHEF. Patient Ernesti !
EINSTEIN. Présent.
L'INFIRMIER EN CHEF. Patient Möbius !
MÖBIUS. Présent.
L'INFIRMIER EN CHEF. Infirmier en chef Sievers, infirmier Murillo, infirmier McArthur. *Il remet le carnet dans sa poche.* À l'instigation de l'administration, certaines mesures de sécurité doivent être mises en œuvre. Murillo, ferme la grille.
*Murillo fait descendre une grille devant la fenêtre. La pièce a tout d'un coup un air de prison.*
L'INFIRMIER EN CHEF. McArthur, ferme à clé.
*McArthur ferme la grille à clé.*
L'INFIRMIER EN CHEF. Fallait-il encore quelque chose à ces messieurs pour la nuit ? Patient Beutler ?
NEWTON. Non.
L'INFIRMIER EN CHEF. Patient Ernesti ?
EINSTEIN. Non.
L'INFIRMIER EN CHEF. Patient Möbius ?
MÖBIUS. Non.
L'INFIRMIER EN CHEF. Messieurs. Nous prenons congé. Bonne nuit.
*Les trois infirmiers s'en vont. Silence.*

EINSTEIN. Les sales bêtes.

NEWTON. Dans le parc il y a encore d'autres colosses en embuscade. Je les ai repérés depuis longtemps par la fenêtre de ma chambre.

EINSTEIN *se lève et examine la grille.* Du solide. Avec une serrure spéciale.

NEWTON *se dirige vers la porte de sa chambre, l'ouvre, regarde à l'intérieur.* Devant ma fenêtre aussi il y a une grille tout d'un coup. Comme par magie.

*Il ouvre les deux autres portes à l'arrière-plan.*

NEWTON. Chez Eisler aussi. Et chez Möbius. *Il se dirige vers la porte de droite.* Fermée à clé.

*Il retourne s'asseoir. Einstein également.*

EINSTEIN. Prisonniers.

NEWTON. Logique. Vu ce que nous avons fait aux infirmières.

EINSTEIN. Maintenant, la seule solution pour sortir de cet asile c'est d'agir ensemble.

MÖBIUS. Mais je n'ai absolument pas l'intention de fuir.

EINSTEIN. Möbius...

MÖBIUS. Je n'en vois pas la moindre raison. Au contraire. Je suis satisfait de mon sort.

*Silence.*

NEWTON. Mais moi, je ne suis pas satisfait, c'est un détail non négligeable, ne trouvez-vous pas ? Vos sentiments sont respectables mais vous êtes un génie et, à ce titre, patrimoine d'intérêt général. Vous avez avancé sur de nouveaux terrains de la physique. Mais vous n'avez pas le monopole de la science. Vous avez le devoir de nous ouvrir les portes à nous aussi, qui n'avons pas votre génie. Venez avec moi et, dans un an, on vous enfile une queue de pie, on vous emmène à Stockholm et vous recevez le prix Nobel.

MÖBIUS. Vos services secrets agissent de façon désintéressée.

NEWTON. Je reconnais, Möbius, que ce qui les impressionne c'est surtout l'hypothèse que vous ayez résolu le problème de la gravitation.

MÖBIUS. Je confirme.

*Silence.*

EINSTEIN. Et vous dites cela tranquillement ?

MÖBIUS. Comment faudrait-il que je le dise ?

EINSTEIN. Mes services secrets pensaient que la théorie unifiée des particules élémentaires...

MÖBIUS. Vos services secrets aussi peuvent être rassurés. J'ai découvert la théorie du champ unifié.

NEWTON *s'éponge le front avec sa serviette.* La formule universelle.

EINSTEIN. C'est à mourir de rire. Depuis des années, des hordes de physiciens grassement payés travaillant dans d'immenses laboratoires d'État essaient en vain de faire progresser la physique, et vous résolvez tout cela incidemment, dans un asile, à votre bureau. *Lui aussi s'éponge le front avec sa serviette.*

NEWTON. Et le système de toutes les inventions possibles, Möbius ?

MÖBIUS. Lui aussi. Je l'ai rédigé par simple curiosité, comme une mise en pratique de mes travaux théoriques. Faut-il que je joue l'innocent ? Ce que nous concevons a des conséquences. C'était mon devoir d'étudier les répercussions que pourraient avoir ma théorie du champ et ma loi de la gravitation. Or le résultat est catastrophique. Des énergies nouvelles inimaginables seraient libérées et une technique qui défie toute imagination serait rendue possible si mes recherches tombaient entre les mains des hommes.

EINSTEIN. C'est quasiment inévitable.

NEWTON. La question est seulement de savoir qui y aura accès en premier.

MÖBIUS *rit*. Vous souhaitez que ce soient vos services secrets et l'état-major qui se cache derrière, n'est-ce pas, Kilton ?

NEWTON. Pourquoi pas. Quand il s'agit de ramener le plus grand physicien de tous les temps dans la communauté des physiciens, n'importe quel état-major devient aussitôt sacré pour moi.

EINSTEIN. Pour moi, seul mon état-major est sacré. Nous livrons à l'humanité des instruments de pouvoir titanesques. Cela nous donne le droit de poser des conditions. Nous devons décider au profit de qui nous voulons utiliser notre science et j'ai pris ma décision.

NEWTON. C'est absurde, Eisler. Il en va de la liberté de notre science et de rien d'autre. Nous devons effectuer un travail de pionnier, rien de plus. Que l'humanité parvienne ou non à suivre le chemin que nous lui frayons, c'est son problème, pas le nôtre.

EINSTEIN. Vous êtes un misérable esthète, Kilton. Pourquoi ne venez-vous pas chez nous, si vous ne tenez qu'à la liberté de la science ? Nous non plus, nous ne pouvons plus nous permettre depuis longtemps de dicter leur conduite aux physiciens. Nous aussi, nous avons besoin de résultats. Notre système politique aussi est obligé de manger dans la main des scientifiques.

NEWTON. Nos deux systèmes politiques vont maintenant surtout être obligés de manger dans la main de Möbius.

EINSTEIN. Au contraire. Il va devoir nous obéir. Finalement, nous le tenons tous les deux en échec.

NEWTON. Vraiment ? C'est plutôt nous deux qui nous tenons mutuellement en échec. Nos services secrets ont malheureusement eu la même idée. Si Möbius part avec vous, je ne peux rien faire contre, car vous l'empêcheriez. Et vous seriez impuissant si Möbius se décidait en ma faveur. C'est lui qui a le choix ici, pas nous.

EINSTEIN *se lève solennellement.* Allons chercher nos revolvers.

NEWTON *se lève à son tour.* Battons-nous.

*Newton va chercher les deux revolvers derrière la grille de la cheminée et donne son arme à Einstein.*

EINSTEIN. Je suis désolé que l'affaire se termine dans le sang. Mais nous devons tirer. L'un sur l'autre et sur les gardiens de toute façon. En cas d'urgence, également sur Möbius. Il a beau être l'homme le plus important de la terre, ses manuscrits le sont plus encore.

MÖBIUS. Mes manuscrits ? Je les ai brûlés.

*Silence de mort.*

EINSTEIN. Brûlés ?

MÖBIUS, *embarrassé.* Tout à l'heure. Avant que la police ne revienne. Par sécurité.

EINSTEIN *éclate d'un rire désespéré.* Brûlés !

NEWTON *hurle de rage.* Le travail de quinze ans !

EINSTEIN. C'est à devenir fou.

NEWTON. Officiellement, nous le sommes déjà.

*Ils rangent leurs revolvers et s'assoient, anéantis, sur le canapé.*

EINSTEIN. Du coup, nous sommes définitivement à votre merci, Möbius.

NEWTON. Et dire que j'ai dû étrangler une infirmière et apprendre l'allemand pour ça !

EINSTEIN. Pendant que l'on m'enseignait le violon – une torture pour un homme sans le moindre don pour la musique.

MÖBIUS. On ne mange plus ?

NEWTON. Ça m'a coupé l'appétit.

EINSTEIN. C'est dommage pour le cordon-bleu.

MÖBIUS *se lève.* Nous sommes trois physiciens. La décision que nous avons à prendre est une décision entre physiciens. Nous devons procéder de façon scientifique. Nous ne pouvons pas nous laisser gouverner par des opinions, mais par des conclusions logiques. Nous devons essayer de trouver la solution la plus raisonnable. Nous ne pouvons pas nous permettre la moindre erreur de raisonnement parce qu'une conclusion erronée conduirait inévitablement à la catastrophe. Le point de départ est clair. Nous avons tous trois le même objectif en vue mais notre tactique est différente. L'objectif est de faire progresser la physique. Kilton, vous voulez préserver sa liberté et vous contestez sa responsabilité. *A contrario*, Eisler, c'est au nom de la responsabilité que vous engagez la physique au service de la politique hégémonique d'un État particulier. Mais à quoi ressemble la réalité ? Il faut m'informer sur ce point, si vous voulez que je me décide.

NEWTON. De nombreux physiciens parmi les plus célèbres vous attendent. Salaire et logement de rêve, la région est épouvantable mais la climatisation très efficace.

MÖBIUS. Et ces physiciens sont-ils libres ?

NEWTON. Mon cher Möbius. Ces physiciens se déclarent prêts à résoudre des problèmes scientifiques qui sont décisifs pour la défense nationale. Vous devez comprendre que...

MÖBIUS. Pas libres, donc. *Il se tourne vers Einstein.* Joseph Eisler. Vous faites de la politique de pouvoir. Ce qui implique donc le pouvoir. Le possédez-vous ?

EINSTEIN. Vous m'avez mal compris, Möbius. Ma politique de pouvoir consiste justement à avoir renoncé à mon pouvoir au profit d'un parti.

MÖBIUS. Pouvez-vous influencer le parti dans le sens de votre responsabilité ou bien courez-vous le danger d'être influencé par le parti ?

EINSTEIN. Möbius ! Mais c'est ridicule. Je ne peux évidemment qu'espérer que le parti suive mes conseils, pas davantage. Sans espoir, il n'y a tout simplement pas de position politique.

MÖBIUS. Est-ce qu'au moins vos physiciens sont libres ?

EINSTEIN. Étant donné qu'eux aussi œuvrent pour la défense nationale...

MÖBIUS. C'est étrange. Chacun me vante une théorie différente alors que la réalité que l'on m'offre est la même : une prison. Dans ce cas, je préfère mon asile. Cela me donne au moins l'assurance de ne pas être exploité par des hommes politiques.

EINSTEIN. Il faut bien prendre quelques risques.

MÖBIUS. Il y a des risques qu'il ne faut jamais prendre : la fin de l'humanité en est un. Nous savons ce que le monde fait avec les armes qu'il possède déjà, nous pouvons imaginer ce qu'il ferait avec celles que mes découvertes rendent possibles. J'ai subordonné mes actes à cette prise de conscience. J'étais pauvre. J'avais une femme et trois enfants. À l'université m'attendait la gloire, du côté de l'industrie, l'argent. Les deux voies étaient trop dangereuses. Il aurait fallu que je publie mes travaux, ce qui aurait eu pour conséquence le bouleversement de notre science et l'effondrement de notre système économique. La responsabilité m'a dicté un autre chemin. J'ai sacrifié ma carrière universitaire, j'ai renoncé à l'industrie et j'ai abandonné ma famille à son triste sort. J'ai choisi le bonnet du fou. J'ai prétendu que le roi Salomon m'apparaissait et, aussitôt, on m'a interné dans un asile.

NEWTON. Ce n'était pourtant pas une solution !

MÖBIUS. La raison exigeait d'agir ainsi. Dans notre science, nous sommes arrivés aux limites de ce que l'on peut découvrir. Nous connaissons quelques lois bien déterminées, quelques rapports fondamentaux entre des phénomènes incompréhensibles, c'est tout. Tout le reste demeure secret, inaccessible à l'intelligence. Nous sommes arrivés au bout du chemin. Mais l'humanité n'en est pas encore là. Nous avons accompli un travail de pionniers, maintenant personne ne va nous suivre, nous avons buté dans le vide. Notre science est devenue terrible, nos recherches dangereuses, notre savoir mortel. Il ne nous reste plus, à nous autres physiciens, qu'à capituler devant la réalité. Elle n'est pas de taille. Nous allons causer sa perte. Nous devons reprendre notre savoir et je l'ai repris. Il n'y a pas d'autre solution. Pour vous non plus.

EINSTEIN. Que voulez-vous dire par là ?

MÖBIUS. Possédez-vous des émetteurs clandestins ?

EINSTEIN. Et alors ?

MÖBIUS. Vous allez informer vos commanditaires. Vous vous étiez trompés. Je suis réellement fou.

EINSTEIN. Dans ce cas, on est bon pour rester ici à vie.

MÖBIUS. Cela ne fait aucun doute.

EINSTEIN. Les espions qui ont échoué, on s'en soucie comme d'une guigne.

MÖBIUS. Justement.

NEWTON. Et alors ?

MÖBIUS. Il faut que vous restiez avec moi à l'asile.

NEWTON. Nous ?

MÖBIUS. Vous deux.

*Silence.*

NEWTON. Möbius ! Vous ne pouvez tout de même pas exiger de nous que nous restions pour toujours...

MÖBIUS. C'est ma seule chance de ne pas être découvert. Il n'y a qu'à l'asile que nous sommes encore libres. Il n'y a qu'à l'asile que nous pouvons encore penser. À l'extérieur, nos idées sont des bombes.

NEWTON. Nous ne sommes quand même pas des fous.

MÖBIUS. Mais des meurtriers.

*Ils le regardent, éberlués.*

NEWTON. Je proteste !

EINSTEIN. Vous êtes allé trop loin, Möbius.

MÖBIUS. Celui qui tue est un meurtrier, et nous avons tué. Chacun de nous avait une mission qui l'a amené dans cet établissement. Chacun de nous a tué son infirmière dans un but précis. Vous, pour ne pas mettre en danger votre mission secrète, moi, parce que l'infirmière Monika croyait en moi. Elle me prenait pour un génie méconnu. Elle n'a pas compris que, aujourd'hui, c'est le devoir d'un génie de rester méconnu. Tuer est quelque chose d'affreux. J'ai tué afin de ne pas déclencher un meurtre encore plus affreux. Puis vous êtes arrivés. Vous, je ne peux pas vous éliminer, mais peut-être vous convaincre ? Nos meurtres doivent-ils rester vains ? Soit nous avons sacrifié, soit nous avons assassiné. Soit nous restons dans cet asile, soit le monde en devient un. Soit nous nous effaçons de la mémoire des hommes, soit l'humanité s'éteint.

*Silence.*

NEWTON. Möbius !

MÖBIUS. Kilton ?

NEWTON. Cet établissement. Ces affreux infirmiers. Cette médecin bossue !

MÖBIUS. Et puis ?

EINSTEIN. On nous enferme comme des bêtes sauvages !

MÖBIUS. Nous sommes des bêtes sauvages. Il ne faut pas nous lâcher sur l'humanité.

*Silence.*

NEWTON. N'y a-t-il vraiment aucune autre issue ?

MÖBIUS. Aucune.

*Silence.*

EINSTEIN. Johann Wilhelm Möbius. Je suis un homme droit. Je reste.

*Silence.*

NEWTON. Je reste aussi. Pour toujours.

*Silence.*

MÖBIUS. Je vous remercie. Au nom de la mince chance qu'a maintenant encore le monde de s'en sortir. *Il lève son verre.* À nos infirmières !

*Ils se sont levés solennellement.*

NEWTON. Je bois à Dorothea Moser.

LES DEUX AUTRES. À l'infirmière Dorothea !

NEWTON. Dorothea ! J'ai dû te sacrifier. Je t'ai donné la mort à cause de ton amour. Maintenant je veux me montrer digne de lui.

EINSTEIN. Je bois à Irene Straub.

LES DEUX AUTRES. À l'infirmière Irene !

EINSTEIN. Irene ! J'ai dû te sacrifier. Afin de te rendre hommage et de louer ton dévouement, je veux agir avec raison.

MÖBIUS. Je bois à Monika Stettler.

LES DEUX AUTRES. À l'infirmière Monika !

MÖBIUS. Monika ! J'ai dû te sacrifier. Que ton amour consacre l'amitié que nous autres, trois physiciens, avons scellée en ton nom. Donne-nous la force de jouer les fous pour rester fidèles au secret de notre science.

*Ils boivent et reposent leurs verres sur la table.*

NEWTON. Transformons-nous de nouveau en fous. Hantons ces lieux en nous faisant passer pour Newton.

EINSTEIN. Jouons de nouveau Kreisler et Beethoven.
MÖBIUS. Faisons de nouveau apparaître Salomon.
NEWTON. Fous mais sages.
EINSTEIN. Prisonniers mais libres.
MÖBIUS. Physiciens mais innocents.

*Tous trois se disent au revoir de la main et rentrent dans leurs chambres respectives. La pièce est vide. McArthur et Murillo arrivent par la droite. Ils portent maintenant un uniforme noir, une casquette et un pistolet. Ils débarrassent la table. McArthur sort par la droite avec le chariot chargé de vaisselle, Murillo met la table ronde devant la fenêtre de droite et retourne les chaises dessus, comme lorsque l'on range un restaurant. Puis il sort par la droite lui aussi. La pièce est de nouveau vide. Arrive ensuite par la droite mademoiselle le docteur Mathilde von Zahnd. Comme toujours en blouse blanche et avec son stéthoscope. Elle regarde autour d'elle. Enfin, Sievers arrive à son tour, également en uniforme noir.*

L'INFIRMIER EN CHEF. Boss.
MELLE LE DOCTEUR. Sievers, le tableau.

*McArthur et Murillo apportent un grand portrait d'un général dans un lourd cadre doré. Sievers décroche l'ancien portrait et accroche le nouveau à la place.*

MELLE LE DOCTEUR. Le général Leonidas von Zahnd est mieux là que chez les bonnes femmes. Ce vieux baroudeur a toujours fière allure malgré son hyperthyroïdie. Il aimait les morts héroïques, et maintenant on peut dire qu'il y en a eu dans cette maison. *Elle regarde le portrait de son père.* En échange, le conseiller va être déplacé dans le service des femmes, avec les vieilles millionnaires. Posez-le dans le couloir en attendant.

*McArthur et Murillo sortent par la droite en emportant le portrait.*

MELLE LE DOCTEUR. Est-ce que le directeur général Fröben est arrivé avec ses héros ?
L'INFIRMIER EN CHEF. Ils attendent dans le salon vert. Faut-il que je prépare champagne et caviar ?
MELLE LE DOCTEUR. Les sommités ne sont pas là pour festoyer mais pour travailler.
*Elle s'assoit sur le canapé. McArthur et Murillo reviennent par la porte de droite.*
MELLE LE DOCTEUR. Sievers, allez les chercher tous les trois.
L'INFIRMIER EN CHEF. À vos ordres, boss. *Il se dirige vers la porte numéro 1, l'ouvre.* Möbius, sortez !
*McArthur et Murillo ouvrent les portes 2 et 3.*
MURILLO. Newton, sortez !
MCARTHUR. Einstein, sortez !
*Newton, Einstein et Möbius arrivent. Tous radieux.*
NEWTON. C'est une nuit pleine de mystère ! Infinie et grandiose. À travers les barreaux de ma fenêtre, je vois Jupiter et Saturne scintiller, dévoilant les lois de l'Univers.
EINSTEIN. Une nuit de joie. Réconfortante et bonne. Les énigmes restent silencieuses, les questions se sont tues. J'aimerais jouer du violon et ne jamais m'arrêter.
MÖBIUS. Une nuit de recueillement. Pieuse et d'un bleu profond. La nuit du roi tout-puissant. Son ombre blanche se détache du mur. Ses yeux brillent.
*Silence.*
MELLE LE DOCTEUR. Möbius, sur ordre du procureur, je ne peux vous parler qu'en présence d'un gardien.
MÖBIUS. Je comprends, mademoiselle le docteur.
MELLE LE DOCTEUR. Mais ce que j'ai à vous dire concerne également vos collègues Alec Jasper Kilton et Joseph Eisler.

*Tous les deux la regardent, étonnés.*

NEWTON. Vous... savez ?

*Tous les deux veulent dégainer leur revolver mais sont désarmés par Murillo et McArthur.*

MELLE LE DOCTEUR. Messieurs, votre conversation était sur écoute, j'avais déjà des doutes depuis longtemps. McArthur et Murillo, allez chercher les émetteurs clandestins de Kilton et Eisler.

L'INFIRMIER EN CHEF. Mains derrière la tête tous les trois !

*Möbius, Einstein et Newton mettent les mains derrière leur tête, McArthur et Murillo vont dans les chambres 2 et 3.*

NEWTON. Amusant ! *Il rit. Tout seul. Sinistre.*

EINSTEIN. Je ne sais pas...

NEWTON. Cocasse ! *Il rit de nouveau. S'arrête.*

*McArthur et Murillo reviennent avec les émetteurs clandestins.*

L'INFIRMIER EN CHEF. Baissez les mains !

*Les physiciens obéissent. Silence.*

MELLE LE DOCTEUR. Les projecteurs, Sievers.

L'INFIRMIER EN CHEF. O.K., boss.

*Il lève la main. De l'extérieur, des projecteurs plongent les physiciens dans une lumière aveuglante. Entre-temps, Sievers a éteint la lumière à l'intérieur.*

MELLE LE DOCTEUR. La villa est cernée par des gardiens. Toute tentative de fuite serait vaine. *Aux infirmiers.* Dehors, vous trois !

*Les trois infirmiers quittent la pièce, emportant les armes et les appareils. Silence.*

MELLE LE DOCTEUR. Vous seuls devez connaître mon secret. Parce que cela ne change plus rien que vous sachiez.

*Silence.*

MELLE LE DOCTEUR, *solennellement.* À moi aussi, Salomon, le roi d'or, m'est apparu.

*Tous les trois la fixent, stupéfaits.*

MÖBIUS. Salomon ?

MELLE LE DOCTEUR. Pendant toutes ces années.

*Newton se met à rire doucement.*

MELLE LE DOCTEUR, *imperturbable.* D'abord dans mon bureau. Un soir d'été. Dehors, le soleil brillait encore et dans le parc on entendait les coups de bec d'un pic contre un tronc, quand tout à coup le roi d'or est arrivé en flottant. Tel un ange immense.

EINSTEIN. Elle est devenue folle.

MELLE LE DOCTEUR. Son regard s'est posé sur moi. Ses lèvres se sont ouvertes. Il a commencé à parler à sa servante. Il était ressuscité d'entre les morts, il voulait reprendre le pouvoir qui lui appartenait autrefois dans ce bas monde, il avait révélé sa sagesse afin que Möbius règne sur terre en son nom.

EINSTEIN. Il faut l'interner. Sa place est dans un asile.

MELLE LE DOCTEUR. Mais Möbius l'a trahi. Il a tenté de taire ce qui ne pouvait être tu. Car ce qui lui a été révélé n'est pas un secret. Parce que c'est concevable. Tout ce qui est concevable, on le concevra un jour ou l'autre. Maintenant ou à l'avenir. Ce que Salomon a découvert, un autre pourra un jour le découvrir, or il fallait que cela reste le fait du roi d'or, le moyen d'exercer son règne sacré sur le monde, c'est pourquoi il m'a rendu visite, à moi son indigne servante.

EINSTEIN, *avec insistance.* Vous êtes folle. Vous entendez, vous êtes folle.

MELLE LE DOCTEUR. Le roi d'or m'a donné l'ordre de destituer Möbius et de régner à sa place. J'ai obéi. J'étais médecin et Möbius mon patient. Je pouvais faire ce que je voulais de lui. Je l'ai drogué continuellement pendant des années et j'ai photocopié les notes de Salomon jusqu'à la dernière page.

NEWTON. Vous êtes cinglée ! Complètement ! Vous comprenez à la fin ! *À voix basse.* Nous sommes tous cinglés.

MELLE LE DOCTEUR. J'ai procédé avec précaution. J'ai d'abord utilisé juste assez d'inventions pour réunir le capital nécessaire. Ensuite, j'ai fondé des ateliers gigantesques, acheté une usine après l'autre et constitué un trust puissant. Je vais exploiter le système de toutes les inventions possibles, messieurs.

MÖBIUS, *fermement.* Mademoiselle le docteur Mathilde von Zahnd : vous êtes malade. Salomon n'existe pas. Il ne m'est jamais apparu.

MELLE LE DOCTEUR. Vous mentez.

MÖBIUS. Je l'ai inventé afin de garder mes découvertes secrètes.

MELLE LE DOCTEUR. Vous le reniez.

MÖBIUS. Entendez raison. Reconnaissez que vous êtes folle.

MELLE LE DOCTEUR. Pas plus que vous.

MÖBIUS. Dans ce cas, je vais devoir crier la vérité à la face du monde. Que vous m'avez exploité pendant toutes ces années. Impudemment. Et que vous faisiez même payer ma pauvre femme.

MELLE LE DOCTEUR. Vous êtes impuissant, Möbius. Même si votre voix parvenait au monde extérieur, on ne vous croirait pas. Car pour l'opinion publique, vous n'êtes rien d'autre qu'un fou dangereux. À cause de votre meurtre.

*Tous les trois pressentent la vérité.*

MÖBIUS. Monika ?

EINSTEIN. Irene ?

NEWTON. Dorothea ?

MELLE LE DOCTEUR. Je n'ai fait que saisir une opportunité. Le savoir de Salomon devait être sauvegardé et votre trahison punie. Je devais vous neutraliser. Par vos meurtres. J'ai précipité les infirmières dans vos bras. Je savais qu'il vous faudrait agir. Vous étiez prévisibles comme des automates et vous avez tué comme des bourreaux.

*Möbius veut se jeter sur elle, Einstein le retient.*

MELLE LE DOCTEUR. Cela ne sert à rien de vous jeter sur moi, Möbius. Tout comme cela n'a servi à rien de brûler les manuscrits que je possédais déjà.

*Möbius se détourne.*

MELLE LE DOCTEUR. Ce qui vous entoure, ce ne sont plus les murs d'un sanatorium. Cette maison est la salle du trésor de mon trust. Elle renferme trois physiciens qui sont les seuls à part moi à connaître la vérité. Ce qui vous retient ici, ce ne sont pas des infirmiers psychiatriques : Sievers est le chef de la sécurité de mes usines. Vous avez fui dans votre propre prison. Salomon a pensé à travers vous, agi à travers vous, et maintenant il vous détruit. À travers moi.

*Silence. Mademoiselle le docteur parle avec calme et piété.*

MELLE LE DOCTEUR. Moi, en revanche, je reprends son pouvoir. Je n'ai pas peur. Mon établissement est rempli de membres de ma famille, déments, couverts de bijoux et de décorations. Je suis la dernière personne normale de ma famille. Sa fin. Stérile, seulement apte à aimer son prochain. Alors Salomon a eu pitié de moi. Lui qui possède mille femmes m'a choisie moi. Maintenant je vais devenir plus puissante que mes ancêtres. Mon trust va régner, conquérir les pays, les continents, exploiter le système solaire, voler jusqu'à la galaxie d'Andromède. C'était un bon calcul. Et ce n'est pas l'humanité qui va en tirer profit mais une vieille fille bossue. *Elle agite une clochette.*

*L'infirmier en chef arrive par la droite.*

L'INFIRMIER EN CHEF. Boss ?

MELLE LE DOCTEUR. Allons-y, Sievers. Le conseil d'administration attend. L'entreprise mondiale démarre, la production se met en marche. *Elle sort avec l'infirmier en chef par la droite.*

*Les trois physiciens sont seuls. La partie est finie. Silence.*

NEWTON. C'est fini. *Il s'assoit sur le canapé.*

EINSTEIN. Le monde est tombé dans les mains d'une psychiatre folle. *Il s'assoit près de Newton.*

MÖBIUS. Ce qui a été pensé, on ne peut plus l'effacer. *Il s'assoit sur le fauteuil à gauche du canapé.*

*Silence. Ils regardent dans le vide. Puis, comme si cela allait de soi, ils se présentent tout simplement au public, en parlant très calmement.*

NEWTON. Je suis Newton. Sir Isaac Newton. Né le 4 janvier 1643 à Woolsthorpe près de Grantham. Je suis président de la Royal Society. Mais ce n'est pas la peine de vous lever pour autant. J'ai écrit les *Principes mathématiques de la philosophie naturelle*. J'ai dit : *Hypotheses non fingo*. Mes résultats nc sont pas sans importance dans les domaines de l'optique expérimentale, de la mécanique théorique et dans les mathématiques de haut niveau, mais j'ai dû laisser ouverte la question de l'essence de la pesanteur. J'ai également écrit des ouvrages de théologie. Des gloses sur le prophète Daniel et sur l'Apocalypse de saint Jean. Je suis Newton. Sir Isaac Newton. Je suis président de la Royal Society. *Il se lève et va dans sa chambre.*

EINSTEIN. Je suis Einstein. Professeur Albert Einstein. Né le 14 mars 1879 à Ulm. En 1902 je suis devenu expert au Bureau Fédéral de la Propriété Intellectuelle à Berne. C'est là que j'ai établi ma théorie de la relativité restreinte qui a bouleversé la physique. Ensuite, je suis devenu membre de l'Académie des sciences de Prusse. Plus tard, j'ai émigré. Parce que je suis juif. C'est de moi que vient la formule $E = mc^2$, la clé de la transformation de la matière en énergie. J'aime les êtres humains et j'aime mon violon, mais c'est sur mes conseils que l'on a construit la bombe atomique. Je suis Einstein. Professeur Albert Einstein. Né le 14 mars 1879 à Ulm. *Il se lève et va dans sa chambre. On l'entend ensuite jouer du violon. Kreisler. « Chagrin d'amour ».*

MÖBIUS. Je suis Salomon. Je suis le pauvre roi Salomon. Jadis j'étais immensément riche, sage et je craignais Dieu. Les puissants redoutaient mon pouvoir. J'étais un prince de la paix et de la justice. Mais ma sagesse a dissipé ma crainte de Dieu, et quand je n'ai plus craint Dieu, ma sagesse a dissipé ma richesse. Désormais, les villes sur lesquelles je régnais sont mortes, le royaume qui m'avait été confié est vide, un désert aux reflets bleus, et quelque part autour d'une petite étoile jaune sans nom tourne sans cesse, en vain, la planète Terre radioactive. Je suis Salomon, je suis Salomon, je suis le pauvre roi Salomon. *Il va dans sa chambre.*

*Le salon est maintenant vide. On n'entend plus que le violon d'Einstein.*

FIN

## 21 POINTS AU SUJET DES *PHYSICIENS*

1. Je ne pars pas d'une thèse mais d'une histoire.

2. Lorsque l'on part d'une histoire, celle-ci doit être pensée jusqu'au bout.

3. Une histoire est pensée jusqu'au bout lorsqu'elle a pris la pire tournure possible.

4. La pire tournure possible n'est pas prévisible. Elle arrive par hasard.

5. L'art du dramaturge consiste à faire intervenir le hasard dans une intrigue de la façon la plus efficace.

6. Les vecteurs de l'action dramatique sont des hommes.

7. Dans une intrigue dramatique, le hasard se formule ainsi : quand et où qui rencontre qui par hasard.

8. Plus les hommes agissent de façon planifiée, plus le hasard est à même de les frapper efficacement.

9. Les hommes qui agissent de façon planifiée veulent atteindre un but précis. La pire des façons dont le hasard puisse les frapper, c'est en leur faisant atteindre l'exact opposé du but qu'ils poursuivaient : cela même qu'ils redoutaient, qu'ils voulaient éviter (Œdipe, par exemple).

10. Une telle histoire est certes grotesque, mais pas absurde (contradictoire).

11. Elle est paradoxale.

12. Pas plus que les logiciens, les dramaturges ne peuvent éviter le paradoxe.

13. Pas plus que les logiciens, les physiciens ne peuvent éviter le paradoxe.

14. Un drame à propos de physiciens ne peut être que paradoxal.

15. Il ne peut avoir pour sujet la physique en elle-même, mais seulement ses répercussions.

16. La physique est l'affaire des physiciens, ses répercussions sont l'affaire de tous.

17. Ce qui est l'affaire de tous ne peut être résolu que par tous.

18. Toute tentative d'un individu de résoudre pour lui-même ce qui est l'affaire de tous est vouée à l'échec.

19. C'est dans le paradoxe qu'apparaît la réalité.

20. Celui qui est confronté au paradoxe s'expose à la réalité.

21. Le drame peut duper le spectateur en le mettant face à la réalité, mais ne peut pas le contraindre à lui résister, et encore moins à la maîtriser.

Écrit pour le recueil *Comédies II et pièces de jeunesse*, Arche-Verlag, Zurich, 1962.

FRIEDRICH DÜRRENMATT ET L'ARCHE

LE MÉTÉORE
*Traduit de l'allemand par Hélène Mauler et René Zahnd*

LES PHYSICIENS
*Traduit de l'allemand par Cécile Delettres*

PLAY STRINDBERG
*Traduit de l'allemand par Hélène Mauler et René Zahnd*

LA VISITE DE LA VIEILLE DAME
*Traduit de l'allemand par Laurent Muhleisen*

Ce livre est imprimé sur un papier sans chlore
et résistant au vieillissement,
fabriqué selon un usage responsable de la forêt.

ACHEVÉ D'IMPRIMER EN AVRIL 2017
PREMIÈRE RÉIMPRESSION
DANS LES ATELIERS DE NORMANDIE ROTO IMPRESSION S.A.S.
À LONRAI (ORNE)
N° D'IMPRIMEUR : 1701678
DÉPÔT LÉGAL : JANVIER 2015

IMPRIMÉ EN FRANCE